Le Livre du thé

Jean Montseren

Le Livre du thé

ÉDITIONS DU
ROCHER
Jean-Paul Bertrand

Illustrations du cahier photos : © David Coulon.

ISBN 2 268 03081 4

« Parlam pr'amor tastar. »

Aux compagnons du thé,

Je tiens à remercier chaleureusement tous ceux qui, par leur amour et leur respect du thé et de ce qu'il signifie, ont permis que la *route du thé* ne soit jamais coupée et qu'elle soit arrivée jusqu'à nous.

Je remercie également tous ceux qui, par leur action humble et essentielle d'aujourd'hui, permettent et permettront que cette *route* soit encore plus lumineuse après nous.

Voyez, chers Maîtres de thé, mes maîtres, le flambeau est passé, il passe, il passera…

Merci !

Avant-propos

Le sens de cet ouvrage n'est pas de démontrer, dénombrer ou expliquer mais bien plutôt de sensibiliser.

Le thé, par sa puissance philosophique naturelle, connaît sous toutes les latitudes des voies de préparation différentes mais toutes empreintes d'un certain cérémonial. Ces cérémonies, au-delà de leur attachement à un contexte politico-historico-social particulier, sont messagères de valeurs qui nous concernent, car elles s'adressent à notre humanité.

De ce côté du monde, où notre attachement à la saveur nous est propre, que peut nous apprendre le thé ? À quelle cérémonie sommes-nous conviés ? Quand et où commence-t-elle et finit-elle ? Quant au goût, aux sens, quels messages peuvent-ils nous délivrer ?

De comment choisir son thé à comment s'éveiller, voici quelques points de vue utiles à la pratique d'un chemin qui nous ressemble.

Mon souci fut ici de proposer une initiation, une sensibilisation, une évocation juste de la Voie du thé. Mais la justesse n'est pas synonyme d'exhaustivité, de précision ou d'exactitude… Nous verrons cela au fil des pages.

Cet ouvrage est constitué de deux livres contenant respectivement deux et trois parties.

La première partie du premier livre concerne la préparation du thé et vous aide à pratiquer, dans votre vie de tous les jours, votre thé.

La seconde partie du premier livre vous apporte les informations nécessaires pour connaître votre thé, le choisir et l'apprécier.

Le second livre est composé de textes, qui pour certains sont issus de conférences et de présentations, et de notes. Ils ont été regroupés dans les trois parties selon leurs thèmes principaux :

- le goût, l'art de goûter, les messages de nos sens et ce qu'ils nous apprennent de nous pour la première partie ;
- quelques événements, survenus sur mon chemin du thé, ayant une valeur illustrative et instructive pour la deuxième partie ;
- la cérémonie du thé pour la troisième et dernière partie.

Au sujet des dessins

Le monde d'un instant

Des feuilles de thé se plaçant au fond d'une tasse, quelques grains de riz retombant au sol, la forme des nuages ou la topographie des vagues... Tous ces éléments sont, le temps d'une seconde, d'un souffle, d'un présent, d'une métamorphose, une certaine représentation du monde de l'ici et maintenant.

Vérité le temps de l'« être » ou le temps du « faire », voici quelques dessins, sans desseins, exécutés d'une main libre lors d'une expiration claire. Voici le reflet d'un monde qui fut le temps d'un instant.

(Ces dessins ont été effectués au cœur d'une cérémonie de thé.)

LIVRE PREMIER

Approches du thé

Première partie
Pratiquer un bon thé

Il n'y a rien à démontrer.
Il suffit de pratiquer.

Ce petit usuel, réalisé à la demande des compagnons du thé, s'adresse non à ceux qui veulent « savoir » mais à ceux qui veulent pratiquer.

Réussir un thé est un art, une philosophie, un rapport à la présence. Il est donc indispensable de respecter certaines règles, certains gestes, comme certains rites afin d'éveiller le thé, de lui permettre de s'exprimer pleinement dans ses harmonies et équilibres subtils et, enfin, d'être prêt à l'accueillir : « Quand la lune brille, le ciel est bleu. »

Le thé est une pratique « non exceptionnelle », de même que notre Voie est notre vie quotidienne. Le thé est simple et complexe car il a la valeur d'une vérité.

Les conseils qui vont suivre sont loin d'être exhaustifs mais ils sauront poser votre pratique avec justesse dans la voie du perfectionnement.

Le choix de la théière

L'idéal est une théière en terre cuite car elle se culotte, sous forme d'un dépôt noirâtre. Ce dépôt tannique exaltera les saveurs des infusions. Ce sont des « théières à mémoire » car elles conservent la trace de tous les thés passés. C'est pour cette raison qu'il est recommandé de faire toujours le même thé dedans, car ainsi elle possédera une ligne harmonique. Sinon le résultat aura tout de la cacophonie et du gâchis...

Les théières en terre cuite ne sont pas très chères neuves mais deviendront de grande valeur et uniques selon les soins que vous leur accorderez. Pour la préparation du thé elles peuvent devenir un outil de pointe. C'est un point élémentaire de l'enseignement du thé : la valeur récompensera une pratique juste née de l'humilité. Certains Maîtres de thé disent que l'on peut voir la valeur d'un homme au goût de sa théière.

Pour obtenir ce dépôt il faut du temps, du temps et encore du temps. Et toujours respecter rigoureusement cette règle : faire, sans exception, le même thé ou à défaut le même type de thé dedans. Vous serez récompensé du respect de cette discipline. Des mandarins chinois ont donné toute leur fortune pour une théière ayant appartenu à un Maître de thé.

Toutefois, lors de la première utilisation (outre le fait qu'il faut l'ébouillanter plusieurs fois pour la nettoyer et lui retirer son « goût de terre neuve »), il est possible de la plonger dans une casserole d'eau bouillante où l'on aura mis des feuilles de thé en infusion et de la laisser quelques heures à feu doux, en s'assurant que l'eau ne s'est pas évaporée, ce qui provoquerait l'éclatement de la théière.

Cette méthode permet de « lancer » une nouvelle théière.

À défaut d'avoir une théière en terre cuite par thé, il en faut au moins une par « famille » de thé :

- une pour les thés noirs non fumés (fermentés) ;
- une pour les thés fumés ;

- une pour les thés semi-fermentés (Oolong) ;
- une pour les thés verts (non fermentés) ;
- une pour les thés blancs (non fermentés) ;
- une pour les Pu Erh ;
- et une pour les thés aromatisés.

Pour n'avoir que des théières en terre cuite, c'est un bon minimum.

Maintenant si vous êtes grand amateur de Darjeeling, de thé vert au jasmin, de Keemun ou de tout autre thé en particulier, choisissez une théière uniquement pour ce thé. Vous irez plus loin dans la précision de votre théière. Cela permet d'avoir une théière avec une *ligne harmonique*.

Il y a aussi la possibilité, mais c'est extrêmement délicat et le droit à l'erreur n'est pas permis, de former votre théière en utilisant, au-delà des « familles » de thé, certains thés à certains moments. Si le résultat est concluant, et ne cesse de l'être car un thé mal placé détruit tout, vous aurez une théière à *composition harmonique.*

Étant donné la grande difficulté de réalisation d'une théière à composition harmonique réussie, je vous encourage plutôt, avant d'atteindre une certaine maîtrise, à obtenir une très bonne théière à ligne harmonique. Apprenons à naître à l'essentiel, au cœur du goût des choses.

Pour ceux qui veulent changer régulièrement de thés, il est préférable d'utiliser une théière en porcelaine, en fonte émaillée, en verre ou en faïence car elles sont « sans mémoire ».

Par exemple, vous aimez beaucoup l'Oolong, quelques thés noirs et surtout l'Assam, et de temps en temps un jasmin, un Sencha et un Pu Erh. Vous n'avez pas envie d'avoir beaucoup de théières. Voici ce que vous pouvez faire :

- prenez une théière sans mémoire pour tous les thés ;
- ou prenez trois théières en terre cuite (une pour l'Oolong, une pour l'Assam et une pour les autres thés noirs) pour avoir des théières à ligne harmonique et une théière sans mémoire pour faire votre jasmin, votre Sencha, votre Pu Erh et tous les autres thés.

Évidemment votre théière ne doit servir qu'à la préparation du thé et non à la préparation d'autres boissons (comme des infusions de plantes par exemple).

Choisir au regard de son projet de vie

Qu'obtient-on avec des théières sans mémoire ? Des liqueurs sans ce voile subtil, sans ce goût d'un vide flou, sans ces grains de terre de chemin parcouru, sans cette expérience d'un éclairage raffiné entre lumière et ombre, sans cet indéfini fertile des théières à mémoire qui nous chantent l'histoire de leur utilisateur et des relations qu'il a toujours entretenues avec ses théières.

Car une théière à mémoire révèle à la lumière du goût et des parfums le soin et le respect. Elle engage chaque présence, la justesse de la pratique, et donne sens au cheminement, mouvement de l'ici et maintenant à l'instant présent du thé. Tout est ouvert et partagé : le passé au présent, l'hôte à la théière, la théière au thé, le thé à l'hôte, l'hôte à l'hôte… tout en influences mutuelles. On y boit la fraîcheur et le goût de l'usure.

Commençant le chapitre « Le choix de la théière », j'ai écrit : « L'idéal est une théière en terre cuite… » L'« idéal », ceci est bien une question d'idéal. Ici il n'y a pas de réponse. Acceptons le sens du mot idéal comme chacun est prêt à l'accueillir. À vous de voir l'intériorité, l'esprit, la recherche que vous souhaitez exprimer ou non dans votre pratique. C'est un point essentiel de l'enseignement du thé que d'apprendre, à chaque pas, avec humilité et souplesse. Rien de non-brisable ne saurait être figé.

En certains temps de ma quête, il peut me venir, quelquefois, le besoin de pratiquer un thé avec une théière sans mémoire. Pourquoi ces moments ? Quelle justesse ont-ils ? Y est-elle à chaque fois ?

À chacun d'apprécier au regard de sa vie, au regard de son projet de vie.

Entretien de votre théière

Ne jamais laver une théière. Il suffit juste de la rincer à l'eau bouillante et de la laisser sécher.

Ne pas la laisser dans un endroit où il y a beaucoup d'odeurs parasites (exemple : la cuisine) car elle s'en imprègne.

Quand on ne s'en sert pas, la laisser ouverte avec le couvercle à côté. Ainsi elle s'aérera et ne moisira pas. Si vous avez oublié de retirer le couvercle et qu'elle a moisi, il suffit de l'ébouillanter plusieurs fois pour la rendre à nouveau propre à l'usage.

Il est préférable d'y mettre un peu de feuilles de thé à l'intérieur afin de prévenir toute humidité lorsque vous ne vous en servez pas pendant un temps assez long.

Le choix d'une bonne eau

Depuis la dynastie Song (960-1279), l'ordre d'excellence des eaux est celui-ci :

- l'eau d'une source de montagne qui bouillonne sur des rochers sans mousse ni végétation ;

- l'eau des sources de montagne en général ;
- l'eau tirée d'une rivière au cours rapide ;
- l'eau des puits ;
- les autres eaux.

Les eaux de pluie et de neige ont quelques, mais peu nombreux, amoureux (comme l'empereur Huizong : 1101-1125).

La rosée de l'aube, notamment récoltée sur des feuilles de lotus, est très appréciée.

D'une façon générale, mais loin d'être absolue, certains recommandent l'eau de la source voisine de la plantation.

Ce choix est bien sûr très important. Le thé étant une boisson à l'harmonie très sensible, il faut donc une eau très pure et neutre. Elle ne doit donc être ni dure ni calcaire, ni contenir de chlore, de plomb, d'oxyde de calcium, de magnésium. Pas d'eaux salines ni ferrugineuses ni chlorées.

Une eau trop calcaire, en réaction avec certaines substances libérées pendant une longue infusion, créera une épaisse « pellicule » sur la surface de votre thé. (À ne pas confondre avec le film brillant, appelé *cream*, qui est une réaction entre la théine, le tannin et d'autres substances. Cette *cream* est signe, pour certains thés, de qualité.)

Une eau « douce » supportera mieux les thés aromatiques (Ceylan, Darjeeling...), bien que ce type d'eau ait tendance à amaigrir vos liqueurs.

Une eau « dure » portera mieux les thés à corps (Assam...), bien que ce type d'eau ait tendance à ternir, étouffer et alourdir vos liqueurs ainsi qu'à assombrir leur couleur et leur éclat.

Une eau artificiellement adoucie ternira également considérablement vos liqueurs.

Si l'eau du robinet n'est pas utilisable, préférer une eau minérale peu chargée ou une eau de source délicate.

L'idéal, c'est d'utiliser une eau vive. « Vive » dans le sens qu'elle est puisée, au plus tard, de la dernière rosée. Car chaque aube apporte une eau nouvelle, fraîche, non chargée des brumes de la nuit précédente. Dit en d'autres termes, si vous « stockez » votre eau (bouteille, cruche...) depuis plus longtemps que la dernière aube, renouvelez-la.

Penser aussi au récipient dans lequel vous allez faire chauffer l'eau : inutile de choisir une eau pure pour la mettre dans une casserole aux restes de soupe.

Un bon truc à savoir afin de juger de la qualité de son eau : une bonne eau, lorsqu'elle bout, ne doit pas avoir d'odeur étrangère !

Préparer un thé

Verser de l'eau bouillante dans la théière et les tasses pour les « préparer ». Vous évitez ainsi un choc thermique et votre théière conservera la liqueur chaude plus longtemps.

Retirer l'eau bouillante de la théière et y mettre le thé. Il faut compter, en *part ouverte* (*cf.* « Dosage du thé », p. 46), 2 g de thé pour 10 cl. C'est une bonne généralité.

Laisser quelques minutes les feuilles dans la théière chaude. Les feuilles de thé commenceront alors à s'ouvrir et à libérer leurs parfums.

Verser de l'eau « souriante » (frémissante, c'est-à-dire entre 95 et 98 °C, quand les bulles ressemblent à des petites perles) et non bouillante, car cette dernière, en se « cassant », donne un goût fade à l'infusion (*cf.* « La température de l'eau », p. 67).

~ Faire « courir » le temps nécessaire selon le thé. En règle générale pas plus de cinq minutes (le thé libérant trop de tannin et perdant ainsi, entre autres, l'équilibre théine/tannin deviendrait trop âcre). Pour arrêter l'infusion il suffit de retirer de l'eau toutes les feuilles (sinon elles continuent d'infuser). D'ailleurs ces feuilles, mélangées avec de la terre, formeront un très bon engrais.

Il est faux de confondre thé fort et thé longtemps infusé. En effet, quasiment toute la théine est lâchée à partir de la première minute. Après ce temps ce sont les tannins qui se mettent en place. De plus, ces tannins auraient même tendance à limiter l'effet de la théine.

Connaissez-vous le « syndrome de la glace pilée » ? Des glaçons fondront moins vite que la même quantité de glace pilée. Ce principe est le même pour le thé. Plus le thé est brisé ou broyé (comme presque tous les sachets), plus la surface d'échange avec l'eau est grande donc plus le thé infusera rapidement (pour ce genre de thé deux à trois minutes peuvent suffire).

Contrairement à une idée reçue, inutile de remuer le thé (et souvent avec une cuillère en métal !) : cela briserait sa dynamique et le figerait. Ainsi le thé vit, évolue et chaque tasse, en ayant une « construction » quelque peu différente, se nuance et n'a pas tout à fait la même saveur que la précédente. C'est subtil et primordial. N'oublions pas que la diversité, à une certaine échelle, n'est qu'une nuance et que notre univers, comme tous les autres univers, s'est tout juste logé dans l'ébauche d'une nuance. Simplement, la nuance est essentielle.

~ Vider les tasses de leur eau bouillante et servir le thé dedans. Si vous versez quelques gouttes par terre ne pensez pas que vous avez manqué votre geste. C'est la « part du sol ». Et si cela vous ennuie vraiment, prévoyez une petite nappe.

Il est souhaitable, au moins dans un premier temps, de faire l'« expérience du blanc » en ayant des tasses blanches à l'intérieur. Vous vous apercevrez que les thés ont une gamme de couleur, contrairement à ce que l'on pense, très étendue.

Pensez aussi à varier les formes de tasses et plus précisément leur « ouverture à la lumière » (tasse au col serré, bol, tasse haute, tasse large, tasse plate...) pour apprécier la luminosité de vos thés.

Tout comme l'« expérience du blanc », tentez quelque temps l'« expérience de la matière » en utilisant des tasses sans anse ou, si votre tasse en a une, en la délaissant. Cela permet d'ajouter à la dégustation de votre thé toute une gamme d'autres sensations tues par l'emploi d'une anse.

Préférez déguster le thé plutôt tiède-chaud car son bouquet s'épanouit (chaud ou froid on n'apprécie pas la richesse de ses saveurs). Mais, dès la sortie de la théière, appréciez son délicat et éphémère parfum qui vous mettra déjà en bouche. N'oubliez pas que le rendez-vous des parfums et des saveurs est comme celui de la vie, des saisons, de la mort, et comme celui de tout ce qui émerge, surgit... Ce rendez-vous ne vous attend pas si vous n'êtes pas prêt : il faut « être à l'heure ».

Évidemment un bon thé se boit pur (va-t-on rajouter du lait, un zeste de citron et du sucre avec un bon bourgogne ?). Connaissez-vous vraiment le goût du thé ?

Toutefois, pour les inconditionnels des agrumes, remplacez le citron (qui par son acidité détruit totalement les équilibres du thé) par une tranche d'orange, plus « respectueuse » de votre tasse.

Le thé est avant tout le breuvage de l'instant présent. Il perd de sa richesse à être conservé trop longtemps (thermos, réchaud...). Il faut le consommer dès qu'il est préparé car sa justesse est inscrite dans la réalité du moment présent où il a infusé.

Ce qu'il faut éviter

Pas de métal ! Cela détruit l'arôme fin de la liqueur. Donc pas de filtre en fer, de boule à thé en métal, de cuillère-pince ou de cuillère pour remuer le thé. Cette règle ne vaut que pour la liqueur et non pour les feuilles de thé. On peut donc stocker les feuilles de thé dans une boîte en fer ou doser avec une cuillère en métal sans perte de goût.

Pas de boule à thé ou de cuillère-pince car cela comprime trop le thé qui n'a pas la place de s'épanouir.

La conservation du thé

Le thé libère son or spirituel et sensuel en se baignant du contact de l'air, de la chaleur, de la lumière, de l'eau et des parfums. Cette rencontre doit être nouvelle, pure et première. Il faut l'amener jusqu'à ce moment préservé de ses contacts.

Autrement dit la conservation du thé craint l'air, la chaleur, la lumière, l'humidité et les autres odeurs.

L'idéal est donc une boîte hermétique, ne laissant pas rentrer la lumière, dans un endroit frais et sec.

Par exemple, la cuisine est un mauvais endroit pour garder le thé à cause de la présence d'odeurs très fortes (cuisson, épices...) et de vapeurs qui peuvent, en augmentant le pourcentage d'humidité des feuilles séchées, les faire pourrir.

Durée de conservation : en règle générale, et dans de bonnes conditions, deux ans pour la plupart des thés et un an pour les thés aromatisés.

Pratiquer un bon thé est un exercice spirituel

Il n'y a pas de secret. Tout est là. Rien n'est caché. Présent comme l'instant présent. Il n'y a pas plus ni moins de vérité. Juste une tradition, un esprit de relations, un choix profond de certains gestes, une idée humaine de la vie, une conscience d'incarnation, une façon d'être présent.

Acceptez que l'instant présent, tout comme la lumière, vienne à vous et vous trouve ici. Prenez conscience de ce que vous faites. Sentez-vous respirer.

Puis recherchez la respiration qui sera le plus en accord avec le geste que vous faites, le souffle qui « vous rend là ». Votre respiration et vos gestes doivent s'harmoniser. Ils doivent avoir un rythme juste : alors vient la lumière. Que cette lumière soit en tout geste, en tout état de choses. Qu'elle sculpte l'espace, pose une expression, propose un lieu d'essence

C'est le moment d'un échange entre la personne et l'objet, le visible et l'invisible. Votre esprit est en mouvement. Il est dans la dynamique de la transformation. Tout, autour de vous et en vous, change d'état.

Accueillant, confiant, réceptif, vous êtes dans l'air ambiant. Être ici, voilà la révélation.

(Bois-Colombes)

Seconde partie
Quelques informations nécessaires

Ces informations ne sont pas là pour entretenir l'illusion que l'on peut s'approprier quelque chose par l'intellect ou parler en son nom, ni l'illusion qu'en mettant des mots, des concepts et des catégories sur le monde il est plus connu, plus rassurant. Le lecteur ne doit pas se détourner de sa réalité : sa respiration intime.

S'il est vrai que le thé nous parle de notre rapport à la présence, ce n'est pas pour continuer ou se complaire dans nos erreurs d'hier. Ce n'est pas pour être dominé encore par nos peurs, nos blocages, nos prétextes, nos attitudes ou nos pensées qui ne seraient pas engagés dans les forces de la vie. Mais bien au contraire c'est pour libérer le présent. Le fardeau d'hier n'a pas à nous immobiliser puisque à chaque instant nous nous incarnons de nouveau.

Cette partie complète la première, qui est de loin la plus importante à qui veut s'initier, pratiquer, ajuster sa présence, s'approcher.

Cette partie a juste pour vocation d'aider ceux qui veulent s'orienter vers la qualité, la seule qui soit, celle que l'on ne cesse de découvrir…

Tout lecteur attentionné relèvera, dans différents livres consacrés au thé, des différences souvent mineures (et parfois importantes) concernant des chiffres, des faits… Ces différences se justifient par la multiplicité des sources et leur caractère approximatif ainsi que par l'absence d'une vérité absolue.

Le monde du thé est tellement habité de légendes et d'actes mythiques qu'il serait déplacé de rechercher une vérité historique certifiée et uniformisée.

Quant aux informations scientifiques, la recherche étant ce qu'elle est – c'est-à-dire une recherche permanente –, beaucoup de vérités d'hier ne sont plus celles d'aujourd'hui... Alors demain... Voyez, même avec cette approche rationnelle le thé conserve son mystère.

Puis il y a les traductions : comment retranscrire toutes les subtilités d'un idéogramme, la poésie d'un proverbe indien ou l'orthographe exacte d'un nom provenant d'un alphabet non latin ?

N'oublions pas non plus l'aspect commercial du thé. On ne peut raisonnablement pas accueillir des informations ou des publications à caractère mercantile comme une « parole d'Évangile ». Elles n'ont tendance qu'à servir certains intérêts : les leurs. Ainsi, par exemple, au sujet des districts leurs altitudes varient (à quelques mètres près, être classé high grown est tout de même plus prestigieux que medium grown) et leurs « frontières » administratives sont quelquefois injustes pour certains jardins et complaisantes pour d'autres. Qui est Darjeeling, qui ne l'est pas ?

Ne négligeons pas non plus les phénomènes de société qui apportent, avec leur enthousiasme soudain sur un sujet, leur lot de préjugés, de « bienséances », et leur démarche non qualitative mais quantitative qui a tendance, quelquefois, à se laisser séduire par des discours faits d'un extrémisme réducteur et simplificateur.

Puis il y a le thé, ce produit agricole. Il connaît des fluctuations en qualité, les périodes de récolte ne sont pas toujours les mêmes... Il a une « discipline végétale » peu en accord avec nos normes arbitraires et nos logiques industrielles.

Quid du goût ? N'est-il pas subjectif ? Il ne connaît pas de vérité absolue. Ainsi Bouvard et Pécuchet s'en détourneront et les amis des Maîtres de thé, appelés par tant de questions sans réponses apparentes, s'en approcheront.

Oui, nous y sommes, c'est l'esprit du thé. Ici est l'essentiel de ce livre : initier un mouvement, sensibiliser à une quête. Pour cela il faut un minimum d'informations : elles sont données dans les pages qui suivent. Elles ont la valeur de ce qu'elles sont et ne sont pas ici pour vous détourner de la seule vérité que nous reconnaîtrons, maintenant, dans cette initiation : l'*aventure humaine*...

Le thé

Le thé est constitué des feuilles d'un arbre appelé le théier (*cf.* « Le théier »).

Le thé, comme le vin, a ses récoltes (les *flush* ou *crop*), ses crus (les *gardens* ou « jardins »), ses ventes aux enchères, ses millésimes, ses goûteurs (les *tea-tasters*). Il s'agit de la boisson la plus bue au monde après l'eau et, ce n'est pas sans rapport, la moins chère. Il s'en consomme environ quinze mille tasses à la seconde.

L'idée que le thé est une boisson snob, féminine et mondaine n'existe qu'en France ! C'est certainement ce que l'on doit appeler l'« exception française »...

Beaucoup de thés, notamment vendus par des grandes marques de la distribution, sont en fait des *blends* (mélanges) de différents jardins. Un *blend* peut comporter vingt-cinq jardins différents. Cela s'explique par le fort débit que connaissent ces marques. La production d'un jardin ne saurait satisfaire la demande. Par cette méthode, quand un jardin ne peut plus fournir, on le remplace par un autre présentant à peu près les mêmes caractéristiques. Comme il ne rentre que peu dans la composition du *blend*, la « ligne organoleptique » n'est que peu dérangée.

Mais, évidemment, cela ne concerne pas les jardins de qualité qui préfèrent vendre leur production pure plus cher.

Un *blend* de vingt-cinq jardins a l'intérêt d'un vin constitué de vingt-cinq crus. Quant aux dénominations « thé de Ceylan » ou « thé de Darjeeling » elles ont autant de pertinence que « vin de France » ou « vin de Bordeaux »... D'autant plus que des lois libérales de certains pays européens permettent d'appeler thé d'origine (thé d'Assam, par exemple) un thé constitué seulement d'au moins 51 % de cette origine.

Pour apprécier un thé, outre les facteurs organoleptiques, un professionnel devra prendre en considération le type de théier planté, le lieu de récolte (nature du sol et altitude), les conditions climatiques, le type de manufacture (type de traitement utilisé pour obtenir la forme définitive), la politique du producteur (notamment rapport qualité/prix), etc.

La cueillette

Opération très importante tant par les conséquences agricoles que par les conséquences productives et économiques. Les meilleures feuilles sont les plus jeunes car elles sont plus riches en substances, mais elles sont aussi plus petites. Autrement dit, quand on sait que pour un kilo de thé manufacturé on peut avoir besoin de quatorze mille *shoots* (pousses cueillies), certains producteurs préfèrent le rendement à la qualité. Ils font alors cueillir le bourgeon (appelé *pekoe*) plus trois, quatre ou cinq feuilles (après le *pekoe*) en descendant sur la branche. Bien entendu plus on descend et plus les feuilles sont vieilles, pauvres en substances et grandes. Cela réduit le nombre de *shoots* nécessaires pour faire un kilo et augmente le volume de feuilles au détriment de la saveur. De plus, on se retrouve alors avec des morceaux de bois dans le thé (*stalks*), parfois de la taille d'une allumette, provenant de la tige entre les feuilles ou de la nervure centrale des grandes et vieilles feuilles.

On préférera donc, de manière générale (car il faut aussi tenir compte des particularités), les *cueillettes impériales* : *pekoe* plus une feuille (on est quand même loin des cueillettes uniquement constituées de bourgeons, effectuées par des jeunes femmes vierges munies de ciseaux d'or, pour ne pas déposer de sueur, pour l'empereur chinois, qui avaient lieu un jour par an et « autorisaient » la venue du printemps) ou les *cueillettes fines* : *pekoe* plus deux feuilles, aux *cueillettes classiques* (parfois appelées aussi « grossières ») : *pekoe* plus trois feuilles ou plus.

Dans les thés noirs provenant de cueillettes impériales ou fines, les bourgeons, proportionnellement nombreux, en s'oxydant, prennent une couleur dorée (*golden tips*) ou argentée (*silver tips*). C'est un signe de qualité.

Conditions idéales pour le théier

Les conditions idéales sont :

- cinq heures d'ensoleillement par jour ;
- des pluies fréquentes et de préférence nocturnes (1,5 m minimum par an) ;
- une hygrométrie de l'air comprise entre 70 et 90 % ;
- des nuits fraîches ;
- des vents réguliers et secs ;
- pas de climat nuageux ;
- des températures précises : au dessus de 30 °C et en dessous de 10 °C sa croissance est compromise, il meurt à – 5 °C et ne résiste pas au gel ;

- un sol ni calcaire ni argileux ;
- un sol meuble, perméable, sans couche dure, riche en azote, acide phosphorique et potasse, au pH idéal entre 3,9 et 7,1 ;
- une position entre 43° de latitude nord et 27° de latitude sud.

La liqueur

C'est le nom que l'on donne au thé « breuvage » (c'est-à-dire une fois infusé) afin de le distinguer du thé (feuilles sèches). Sa qualité dépendra de son arôme, de son astringence, de sa couleur, de son éclat, de sa luminosité, de sa texture, de sa consistance, de son épaisseur, de sa force, de ses notes, de ses parfums, de sa tenue, de sa vitalité...

Le goût

Voici, en limitant au maximum l'emploi de mots techniques ou scientifiques et en utilisant les mots courants, quelques idées, quelques notions dont il est bon d'avoir conscience afin de s'éveiller sur son thé, sur le monde extérieur, sur soi et sur un sens que nous utilisons continuellement tout en le méconnaissant.

Petite présentation

Dans notre nomenclature des cinq sens (nous en possédons en fait bien plus, comme celui de l'équilibration ou de la douleur), le goût est distinct de l'olfaction. C'est vrai tout en étant inexact.

C'est un sens chimique (comme l'olfaction, la vue, la douleur) contrairement aux sens mécaniques (l'ouïe, le tact). Les sens chimiques sont plus lents que les sens mécaniques.

Ce sens est un sens au rapport affectif direct qui s'organise en « j'aime/j'aime pas ».

Le goût n'est pas une information unilatérale (allant du monde qui nous entoure à nous) mais une communication, un dialogue entre le monde extérieur et le monde intérieur, entre les souvenirs, les émotions, l'élaboration de critères esthétiques personnels et la saveur rencontrée de l'instant présent. Tout cela, tout comme un trait dessiné, est le fait d'un contact, d'une frontière qui sépare tout en rassemblant. L'osmose est en évolution.

Les notes (de tête, intermédiaires, de cœur, de queue...) et les saveurs sont comme des notes de musique qui composent un ensemble harmonieux ou non : la mélodie est ici en l'occurrence le goût du thé.

Il existe même un goût interne. Nous « goûtons » inconsciemment, par exemple, notre sang afin d'être renseignés sur toutes les modifications qui peuvent s'y produire.

Les saveurs

Le goût, dans notre civilisation, repose sur quatre saveurs clefs : l'acide opposé à l'amer, le doux (devenu « sucré » à la suite d'une révolution des mœurs) opposé au salé. Elles sont organisées ainsi :

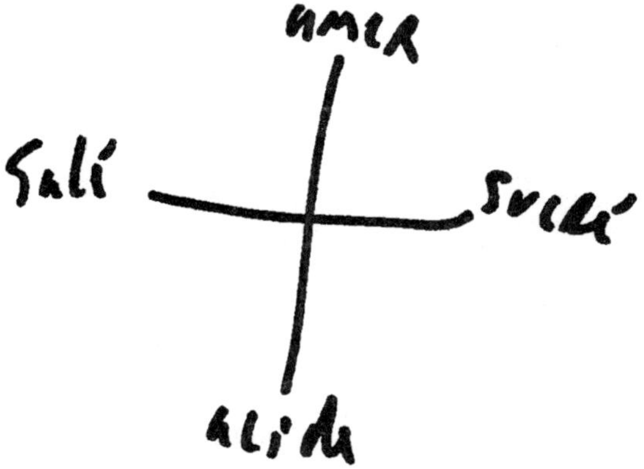

Avec ces quatre couleurs primaires nous pouvons définir la saveur de tous les aliments.

D'autres civilisations ont un schéma totalement différent. Cela s'explique par des raisons culturelles, sociales, historiques, philosophiques et physiques (par exemple il existe une insensibilité gustative héréditaire pour certaines substances présente chez près de 30 % d'Européens, 14 % de Japonais et 9 % d'Indiens d'Amérique).

Notons pour illustrer ce propos un schéma que l'on rencontre en Asie : l'amer est opposé au doux et l'acide au salé. Une cinquième saveur (sans contraire) s'ajoute : l'âcre. Mais ce n'est pas tout à fait cela, car l'âcre pour nous signifie autre chose. C'est donc une traduction tout à fait insatisfaisante de cette cinquième saveur.

Certains animaux n'ont pas ces quatre saveurs, beaucoup ne possèdent pas le sucré mais certains ont la saveur de l'eau. Pour nous, qui avons hâtivement décrété que l'eau est ce qui n'a pas de goût (tout comme nous avons décrété que c'était le niveau zéro d'altitude, depuis infirmé par de récentes recherches scientifiques), cela reviendrait à dire, transposé en langage de peintre, que la lumière est une couleur, qui plus est une couleur primaire. C'est-à-dire une couleur que l'on ne peut pas plus réduire mais avec laquelle on peut constituer d'autres couleurs.

Notre sensibilité aux saveurs, ainsi que le temps utile dont nous avons besoin pour prendre conscience d'une saveur, est très différente. Il nous faut une part de sucré sur deux cents pour la détecter, une part de salé sur quatre cents, une part d'acide sur cent trente mille et une part d'amer sur deux millions !

Le goût est également le sens où il existe la plus grande différence de sensibilité entre les hommes : elle est inscrite dans un rapport de un à cinq cents. Autrement dit, si l'on prend les extrêmes, certaines personnes sont cinq cents fois plus sensibles que d'autres !

Mais si vous êtes au niveau un ou même trois cents de ce barème, ne vous découragez pas. Car on ne peut pas vraiment dire que l'on « éduque » ses sens mais plutôt que l'on apprend à accueillir au mieux les messages de ceux-ci. Le fait de reconnaître une pomme n'est pas basé sur une mémoire-stock, qui contiendrait des millions d'images matérielles, mais sur la capacité de reproduire les structurations cérébrales complexes qui ont déjà existé sous l'effet d'une pomme ou de l'idée d'une pomme.

Cela signifie que par un profond travail nous pouvons sentir la rose qui n'est pas là. Ce n'est pas une illusion, c'est un état aussi réel que vous rencontrez que celui qui sent une rose (et qui est même peut-être moins sensible à son odeur que vous).

Au-delà des saveurs

Au-delà de ces quatre saveurs, le reste est odeur, toucher (de la langue par exemple)... Ce que nous appelons « goût » est en fait une saveur-odeur, une saveur-arôme. En effet, par olfaction directe, quand le thé arrive aux lèvres, ou surtout par rétrolfaction, les odeurs de la bouche montent dans le nez : ce sont les arômes.

Faites le test de manger en vous pinçant le nez : vous trouverez quasiment tout fade. Puis faites le test de souffler lentement par le nez quand vous avez un aliment dans la bouche : au bout de une à trois secondes (le temps que les odeurs montent), vous trouverez à cet aliment plus d'arôme...

Ce que nous appelons communément papilles (c'est-à-dire des « capteurs gustatifs »), nous en possédons dix mille contre cent millions de capteurs olfactifs. S'il faut une « molécule » pour sentir un thé, il en faut vingt-cinq mille pour le goûter ! L'olfaction est le sens le plus développé chez l'homme, mais certainement le moins travaillé. Il est une image qui consiste à comparer l'olfaction à une voiture de Formule 1 et le goût à une brouette. C'est amusant mais injuste, car on est dégustateur sans être nez et nez sans être dégustateur. Disons qu'au niveau de la gustation, le goût est la base de la montagne, une assise, une masse lourde et carrée, et l'olfaction le sommet, une hauteur, une pointe. Une base sans sommet, un sommet sans base, ne sont pas une montagne.

Il faut préciser également qu'à un niveau « courant » de la gustation nous ne prenons conscience que des saveurs que nous sommes capables de nommer, ne serait-ce que par un souvenir ou une image.

Sachons que nous pensons en mots et non en images (sauf quelquefois lorsque nous nous endormons). Un Français ne pense donc pas comme un Allemand qui ne pense pas comme un Anglais ou un Chinois. Dans certaines langues européennes, « âpre », « âcre » et « amer » ne forment qu'un mot. Dans ce cas on ne peut pas saisir ou être sensibilisé à la différence qu'il y aurait entre « âcre » et « amer ».

Ces réflexions faites, je me suis aperçu d'un fait intéressant et qui pourrait s'appeler la « dégustation française ». En effet, que ce soit le thé, le vin, l'art culinaire et même, sous certains angles, la parfumerie, il y a une approche, une culture, un art de la dégustation typiquement français. Le définir n'est pas aisé mais disons, et on est assez près de la vérité, qu'il aurait de Montaigne l'intériorité, la recherche introspective, et de Rabelais la verve, l'extériorité...

Mais aussi, « au-delà de la saveur », nécessitant pour beaucoup de nous un « par la saveur », nous rencontrons un état de conscience, d'éveil. Nous abordons ainsi la vérité de la présence dans ce qu'elle a de plus essentiel.

Les trois légendes

De la Boston Tea Party, qui déclencha la guerre d'indépendance des Américains contre les Anglais, jusqu'aux brumes d'un lointain passé mythique, l'histoire du thé est riche et fournie en nombreuses controverses. En fait, pour être précis, il faut dire que sur les origines nous ne sommes sûrs de rien. Apprécions alors d'autant plus ces légendes, tirées d'une multitude, qui sont insolemment détaillées…

En 2737 avant notre ère, en Chine, l'empereur mythique Shennong à tête de bœuf, qui avait donné auparavant l'agriculture et la médecine (afin que les paysans puissent travailler aux champs) avait préconisé de faire bouillir l'eau avant de la boire. Un jour où il était assis au pied d'un arbre en train de faire bouillir un peu d'eau, une légère brise fit tomber quelques feuilles qui, se mêlant à l'eau, en changèrent la couleur et donnèrent une boisson saine aux parfums subtils. Vous l'avez compris, cet arbre était un théier sauvage.

Les légendes indienne et japonaise mettent en scène le prince indien Dharma dans deux épreuves symboles de sa vie : le voyageur et l'immobile.

Lorsqu'il partit propager le bouddhisme en Chine, il avait fait le vœu de ne pas dormir pendant neuf ans pour se consacrer à sa mission. Au bout de trois ans il s'endormit tout de même (et rêva de femmes !). À son réveil, fou de rage, il s'arracha les paupières et les jeta. À cet endroit poussa alors un arbre dont les feuilles avaient la propriété de maintenir l'esprit éveillé.

À la fin de sa vie il resta neuf années assis face à un rocher sans bouger (il en perdit d'ailleurs l'usage de ses jambes et son image s'incrusta dans la pierre). Au bout de quelques années, pris de lassitude, il mâchonna distraitement (réflexe assez curieux, on en conviendra) les feuilles d'un arbuste à portée de main. Il s'aperçut aussitôt que l'ennui se dissipa et que sa méditation fut plus profonde. C'était, évidemment, un théier.

Notons pour la petite histoire que la découverte du thé en Inde est plutôt bien connue (*cf.* « La culture mondiale du théier », p. 75) et que les légendes mettant en scène Dharma rajeuniraient l'origine du théier puisque les Chinois datent son voyage en Chine autour de 520 ap. J.-C. Peut-être par là veut-on signifier que Dharma avait emporté des graines de théier avec lui ? C'est peu probable. De plus nous savons de source sûre que les Chinois connaissaient le thé avant sa venue. L'emploi de Dharma dans ces légendes est ici pour donner une légitimité mystique au thé auprès des bouddhistes et notamment des bouddhistes zen. Au jeu des comparaisons il vaut mieux s'abstenir mais, toute proportion gardée, imaginons ce qui se serait passé si on avait dit que les théiers étaient nés des paupières du Christ ou de Socrate... Certains me diront que le Christ a bien symbolisé son sang par le vin. C'est vrai mais cela n'en constitue néanmoins pas son origine.

En effet, il est intéressant de remarquer que la découverte est faite à chaque fois par des personnages à la « valeur philosophique » très importante. Quant au thé, il est présenté comme la boisson du corps (une boisson saine) et de l'esprit (la prière, la concentration, la méditation).

Pour ce qui est donc de l'origine historique du thé, sa découverte doit remonter quelque peu avant le début de notre ère (certaines thèses vont bien plus loin dans le passé, mais elles semblent reposer sur une confusion faite avec la mention d'une « herbe amère », appelée *tu*, qui désigne diverses herbes peu définies et que l'on a longtemps prises pour le thé). Voilà, il faut se contenter de cela. Quant à l'origine botanique du thé... cela nécessite un goût certain pour les hypothèses les plus complexes...

Les trois âges du thé

Le thé n'a pas toujours été infusé comme maintenant. Il a connu trois types de préparation différents.

Sous la dynastie Tang (618-907), époque dite classique.

Le *thé bouilli :* le thé est écrasé et pressé sous la forme d'une brique (le rendant ainsi facile à transporter en Mongolie ou au Tibet par les routes du thé). On l'émiette et on le fait bouillir avec des épices, du riz, des oignons, des écorces d'orange, du lait, du gingembre. C'est en fait plus une soupe. Les Tibétains découvrirent le thé à cette époque et le consomment toujours ainsi.

Sous la dynastie Song (960-1279), époque dite romantique.

Le *thé battu :* le thé est écrasé par une meule, sous forme de poudre, pour être battu dans l'eau. Les Japonais le découvrent à cette époque. La cérémonie japonaise du thé se pratique toujours ainsi.

Sous la dynastie Ming (1368-1644), époque dite naturaliste.

Le *thé infusé :* le thé est sous forme de feuilles que l'on laisse infuser. L'Europe a découvert le thé à cette époque et le consomme toujours ainsi.

À chaque nouveau mode de préparation correspond un bouleversement des mœurs et des mentalités. Mais ceci est une autre histoire…

Les trois fleuves

Allez, pour finir cette série de trois (les trois légendes, les trois âges), relevons tout de même cette hypothèse sur l'origine botanique du thé. Nous la devons à M. Wight. Selon lui, le théier serait apparu autour du point 29° N et 98° E dans la proximité de la source du fleuve Irrawady, lieu de rencontre d'Assam, de Birmanie du Nord, de Chine du Sud-Ouest et du Tibet. Les grands fleuves de l'Asie du Sud-Est passaient par là : Yangzi Jiang à l'est, Mékong au sud-est et Luhit, un bras du Brahmapoutre, à l'ouest. Les graines qui seraient tombées dans le premier auraient donné le type chinois, celles qui auraient suivi le cours du deuxième auraient donné le théier cambodgien et celles du Brahmapoutre seraient devenues les théiers assamais. Ainsi nous terminons notre série de trois fois trois...

... Et nous omettrons de dire que le théier pourrait venir de plus haut, le soixantième parallèle, le cercle arctique, ou alors peut-être plus au sud sur l'Altaï, ou bien quelque part sur les plateaux mongoliens, à moins que...

Les cérémonies du thé

Le thé a toujours bénéficié d'un entourage philosophique, religieux, artistique et a été au centre de différents projets de civilisation. Notons juste, pour l'instant, que sa préparation a donné lieu à diverses codifications où chaque ustensile, chaque geste s'inscrivent dans une vision symbolique de l'homme et de la vie. Loin d'être exotiques ces valeurs, bien que pour certaines très ancrées dans une réalité sociale, s'adressant à la condition humaine, sont intemporelles et universelles. Prenant des formes différentes, leur fond est assez identique, tels divers chemins menant au même sommet d'une montagne.

Citons, pour être schématique (et terriblement réducteur), trois cérémonies par ordre d'ancienneté.

- La *cérémonie chinoise et coréenne* (*gongfu*, signifiant « qui demande du talent, des efforts pour la maîtrise »), d'inspiration taoïste. Elle utilise un service composé d'une petite théière et de toutes petites tasses. On y boit généralement du Oolong (Tieh Kuan Yin, Fenghuang Dancong...). Les feuilles sèches sont déposées dans la théière en grande quantité. On prépare alors trois infusions. La première de une minute, la deuxième de une à trois minutes (liqueur plus onctueuse, moins amère) et la troisième de cinq minutes (liqueur discrète). On note de nombreuses variantes car il n'y a pas réellement de codification apparente. L'aspect essentiel est une pratique de cette cérémonie en accord avec les principes taoïstes et une discipline de chaque instant peu visible pour le néophyte.

La *cérémonie japonaise* (*chanoyu*, signifiant littéralement « eau chaude pour le thé »), d'inspiration bouddhiste zen et, contrairement à la cérémonie précédente, très codifiée, où la liberté naît d'une discipline très stricte. Sa forme actuelle a été codifiée au XVIe siècle par un Maître de thé japonais quasiment exact contemporain de Montaigne.

La *cérémonie d'Afrique du Nord* (thé vert à la menthe), qui est d'inspiration musulmane. Il n'existe pas une seule recette du thé vert à la menthe. Cette cérémonie étant un don d'Allah, elle n'est pas rigide et s'adapte à votre vie et à votre personnalité. On peut juste noter des éléments que l'on retrouve fréquemment : du thé vert Gunpowder de Chine, de la menthe Nana du Maroc (ou de l'absinthe pendant l'hiver et quelquefois de la sauge, de la verveine, de la marjolaine, du basilic ou de l'ambre) et beaucoup de sucre de canne en pain. Cette cérémonie débuta sur un fait économique (s'étant vu interdire le marché slave à la suite de la guerre de Crimée, les Anglais vendirent leurs stocks de thé vert à l'Afrique du Nord) et, en toute ignorance de l'existence d'autres cérémonies, se constitua rapidement en représentation philosophique (trois tasses représentant la vie, l'amour et la mort ; le don d'Allah ; l'hospitalité du désert...) et apporta des traitements modernes à certains sujets, comme la lumière par exemple.

En dehors d'une idée spécifique de cérémonie, ayons quelques lignes pour la culture du samovar en Russie. Le samovar est une bouilloire dotée d'un foyer à braises (ou simplement électrique de nos jours) qui maintient l'eau chaude en permanence. Au-dessus se trouve une petite théière contenant un thé très fort. On peut donc à n'importe quel moment servir dans un verre ou une tasse un peu de ce concentré allongé avec de l'eau tirée du robinet du samovar. Symbole d'hospitalité et d'un certain art de vivre, le thé, en Russie également, se dépasse pour devenir un lien privilégié entre les hommes.

Le five o'clock

La révolution industrielle, en bouleversant les rythmes de travail, recula l'heure du dîner, rendant importante cette pause *five o'clock* accompagnée de quelques aliments sucrés.

Une nouvelle classe issue de cette même révolution, la bourgeoisie d'affaires, en prenant le pouvoir de la société, eut recours à diverses manifestations sociales afin de constituer des réseaux de relations, d'alliances : le *five o'clock,* ainsi que le remplacement des bancs par des chaises individuelles, permettant de passer de table en table, lors des banquets (mot conservant encore l'origine de « banc »), représentent deux de ces manifestations.

Mais en dehors de ce fait – le *five o'clock* « social », l'attachement que les Anglais y ont apporté, bien au-delà de la bourgeoisie –, apparaissent la convivialité, le partage que beaucoup d'entre nous expriment spontanément autour d'une tasse de thé. Cette idée d'un instant sacré où tout peut bien se passer sans avoir besoin de nous, ce temps de ressourcement, cet espace où nous choisissons un autre rapport à l'action, ce bouleversement des priorités, la valeur que le *five o'clock* nous fait accorder à ce petit geste simple, ce rythme que nous engageons dans nos journées, ce rite, ont tout d'une Voie du thé en germe, présente dans nos vies, qui s'ignore ou, par manque de confiance, n'ose se déclarer.

Les Maîtres de thé

Vous ne trouverez dans ce livre aucun nom de Maître de thé. C'est un choix délibéré. Pourquoi ? Parce que ici notre démarche est d'aborder une véritable initiation et non de traiter superficiellement d'un peu de tout autour du thé. Chaque chose en son temps. Connaître leur nom n'est pas les connaître. Ne cherchons pas à les singer mais plutôt à intérioriser, étape après étape, expérience après expérience, l'esprit qui est le leur.

Leur nom et leur enseignement seront le sujet d'un autre ou de plusieurs autres ouvrages plus loin sur la Voie. Les maîtres n'ont pas à venir à nous mais nous devons aller à eux… et parvenir à l'expérience de leur esprit en suivant la lumière de leur pratique.

Le seuil de présentation

Quelquefois on me propose des liqueurs pratiquées au mépris de toutes les règles élémentaires pour réussir, simplement, un bon thé. On me lance alors, avec un peu de malignité : « Dis-moi ce que c'est. »

Il est important de savoir que la montagne, et même la plus haute, a en commun avec une vallée le niveau zéro. Cela signifie que l'on peut tout niveler au plus bas et, à ce stade, tout se ressemble. Entre quelque chose de très raté et une autre chose très ratée, il n'y a souvent pas beaucoup de différences.

Ici nous sommes en présence d'un « seuil de présentation ». Il y a un seuil en dessous duquel les choses ne se présentent plus à vous : il faut aller les chercher loin, elles sont partielles, mutilées, camouflées, étouffées, perdues. Leur identité, de qualités et de défauts mêlés, ne s'est pas exprimée. Pour révéler, il faut que la lumière, même juste un rai, se présente à vous. Nous devons arriver au minimum à ce seuil de présentation, ce seuil où les choses disent leur nom. L'arrivée à ce seuil n'est pas toujours progressive, elle peut être surgissement. Un mot en moins dans une phrase peut nous faire perdre le sens de ce qui est écrit. Le sujet d'un dessin, à un trait près, peut être reconnaissable ou non.

Bien entendu cette présentation n'est jamais complète, comme une lumière qui aveugle, et peut ménager des parts d'ombre, d'obscurité, de non-dits, de non-faits et d'« intime impalpable ». Une attitude responsable, une démarche respectueuse et un comportement franc se doivent donc au moins d'atteindre, voire de franchir, le seuil de présentation. « Atteignons ce seuil et, après, nous en reparlerons. »

La valeur du geste

Nous commettons l'erreur de hiérarchiser les gestes (des gestes majeurs, des gestes anodins, etc.) pour leur donner un sens, mais le sens ne se donne pas, il se reçoit, il s'accepte, il se vit.

Chaque geste nous concerne car chaque geste porte en lui l'héritage du passé le plus lointain et le plus immédiat, propose un rapport de présence dans l'immédiat et engage, comme une promesse, une direction, un espoir, le futur. Bien sûr nous ne sommes ni obligés d'accepter un héritage, nous pouvons le nier, ni obligés de promettre ou de croire.

C'est à cet engagement que nous devons la transmission de la vie, de la joie.

Donner une importance à ce geste, et non à tel autre, c'est réveiller nos consciences sur ce que nous faisons ou ce que nous incarnons quand bon nous semble. Mais la conscience éveillée ne se prête pas à cette duperie. Elle n'est pas à temps partiel.

Nous avons aussi à finir tous nos gestes. Beaucoup de nos gestes, par facilité ou inconscience, ne sont pas terminés. Ils sont laissés suspendus et ne sèment pas. Finir « complètement » son geste permet de commencer « pleinement » un nouveau geste… maintenant. Un ami disait, avec humour, qu'il faudrait pouvoir dire face à notre mort, c'est-à-dire à tout moment : « Ça tombe bien, je viens juste de finir mon geste. »

Chaque geste s'épanouit dans l'instant présent, cette éternité, qui n'a ni commencement ni fin. Il aurait pu être autrement, ouvert à tant de possibilités, mais nous avons choisi cette possibilité, cette voie, cette expérience pour être présents à l'immédiat.

Prenez conscience que le goût de votre thé est « influencé » par votre geste et que votre geste est « influencé » par le goût. Le goût n'est ni la première rencontre ni la dernière. Il n'est pas non plus, au détriment des autres, l'élément le plus important. Avant le goût est le geste qui nous y amène (et l'appelle en même temps) car il travaille le thé et son environnement. Puis, après le goût, est le geste sublimé, éclairé.

Le schéma est donc ainsi : *geste/goût/geste*.

À noter : dans le geste est aussi, dans ce rapport évident et subtil qui ne passe que par l'ici et maintenant réellement vécu (c'est-à-dire conscient), le lieu où l'on se tient. Par une pratique sincère, quel qu'était ou quel que sera ce lieu après votre thé, il devient *lieu de franchissement* puis, s'il y a harmonie des rythmes, *lieu d'affranchissement*. C'est ce rythme (en fait la respiration) qui est créé par la lumière de votre geste.

Dosage du thé

Le dosage du thé mérite toute notre attention et un paragraphe à part. En effet il n'y a pas de bon thé sans un bon dosage et, comme nous sommes ici avec des quantités qui restent subtiles et des équilibres délicats, une différence de quelques grammes peut nous placer en dessous ou au-dessus du seuil de présentation.

Qu'entend-on généralement ? Une cuillère à « café » par tasse plus une pour la théière ou bien 2 ou 2,5 g par tasse… Mais, si vous le voulez bien, commençons par le début.

On ne dose pas son thé en fonction de la théière mais du nombre de tasses que l'on souhaite préparer. On appellera cela des « tassées » pour éviter la confusion avec « tasses ». Exemples : je reçois un ami et nous buvons du thé à trois reprises. Nous avons donc deux tasses, mais bu six tassées. La dose du thé se choisit donc au regard de la quantité d'eau, divisée en tassées par commodité, dans laquelle le thé va infuser. Ce rapport doit être proportionnel : 2 g pour une tassée devient 6 g pour trois tassées. Simple, non ? Passons alors au deuxième point.

« Une cuillère à café par tassée plus une pour la théière. » Soit, mais toutes les cuillères à café, et toutes les tasses, ont-elles la même contenance ? Non. Tous les thés ont-ils la même densité (rapport poids/volume) ? Non. Les différences de quelques grammes peuvent tout changer. Doser son thé à la cuillère revient à le doser en fonction de son volume (ce que peut contenir la cuillère) et non de son poids. Or ce qui compte c'est le poids et plus précisément l'importance de la surface de contact thé/eau. Selon le « syndrome de la glace pilée », les thés en feuilles brisées auront à poids ou volume égal, en comparaison avec des thés en feuilles entières, une infusion plus rapide et plus complète. Soyons clairs : avec une cuillère à café on a tendance, à volume égal, à sous-doser les thés à feuilles entières (qui infusent déjà moins vite et moins puissamment) et à surdoser les thés à feuilles brisées ou broyées (qui eux infusent plus rapidement et plus complètement). Le message est clair : il faut doser son thé au poids et non au volume.

Quel est le poids d'une cuillerée de thé ? Si la capacité des cuillères varie en fait assez peu, le problème vient plutôt du type de thé (feuilles entières, brisées, broyées)... et de votre façon de remplir vos cuillères. Entre une cuillère remplie timidement, à ras ou bombée, la différence peut être de l'ordre de six fois ! Vous pouvez vous-même faire le test, mais ce qui a été schématiquement observé, afin de donner un ordre de grandeur, c'est :

- de 0,5 à 0,6 g pour une cuillerée timide ;
- autour de 1,5 g pour une cuillerée franche ;
- et entre 2,6 et 3 g pour une cuillerée bombée.

Conclusion : si vous voulez obtenir un bon résultat, faites l'acquisition d'une petite balance... Ou bien entraînez-vous à mesurer combien de grammes vous prenez approximativement par cuillerée pour chaque type de thé... Vous finirez bien par pouvoir apprécier à vue. Passons maintenant au point suivant : la tasse.

Quelle est la contenance d'une tasse ? Nous disons, par exemple, 2 g de thé par tasse, mais les tasses ont-elles toutes la même contenance ? Non, celle-ci passe facilement du simple au double. Faites le test vous-même : videz une quantité déterminée d'eau dans votre tasse et comptez le nombre de fois où vous avez pu la remplir. Divisez la quantité d'eau par ce nombre et vous obtiendrez la contenance de votre tasse. Avec 0,5 l j'ai pu remplir cinq fois ma tasse, sa contenance est donc de 10 cl.

Attention ! Inutile de remplir à ras bord. Lorsque l'on sert du thé on ne le sert jamais à ras bord. La seule chose que je peux conseiller à ceux qui s'obstinent à remplir les tasses jusqu'à ce qu'elles « rendent tout » c'est, une fois la chose faite, de placer délicatement une feuille de papier sur la surface et de retourner la tasse subitement… Que se passe-t-il ? Vous venez de faire un tour de magie qui étonnera petits et grands.

10 cl est la *contenance usuelle* moyenne (et non la *contenance maximale* : à ras bord) d'une tasse à thé (15 cl pour une grande tasse à thé). Parfois on lit : « 2,5 g pour une tasse » et en tout petit, en bas de la page : « contenance approximative d'une tasse 20 cl » ! 20 cl en capacité usuelle, si nous ne parlons que des tasses à thé et non des verres à bière, des verres à cognac, des tasses à café ou des bols… c'est tout de même peu fréquent. Cela ressemblerait plutôt à un petit « mug ». Nous prendrons donc, dans ce livre, la référence d'une tasse de 10 cl. Voici quelques chiffres explicites :

- 2 g par tasse de 10 cl équivaut (bien entendu) à 2 g par tasse de 10 cl ;
- 2 g par tasse de 15 cl équivaut à 1,33 g par tasse de 10 cl ;
- 2 g par « mug » de 20 cl équivaut à 1 g par tasse de 10 cl.

Entre le premier exemple et le dernier, la différence n'est que de 1 g… Soit, mais préparez-vous un thé avec 1 g pour 10 cl… vous verrez comme c'est « festif ». Pensez donc aux *tea-bags*. Le poids des *tea-bags* varie selon les usages nationaux : en moyenne 1,75 g pour l'Allemagne, 2 g pour la France et 3,125 g pour l'Angleterre. Observez comme les utilisateurs de *tea-bags* ont tendance à mettre un sachet sans tenir compte de la quantité d'eau dans laquelle ils le noient : une tasse, un « mug », un bol… Concluons ce point en rappelant que les tasses n'ont pas toutes la même contenance et que chacune possède une contenance usuelle et une contenance maximale. Il faut donc s'entendre sur ce que l'on appelle une tasse. Ici une tasse sera une tasse de 10 cl.

Attention, il subsiste un piège ! Vous avez mesuré vos tasses (imaginons qu'elles fassent à peu près 10 cl). Vous avez mesuré la contenance de votre théière vide : 0,6 l. Vous en déduisez qu'elle contient six tassées. Vous doserez donc 12 g par théière pleine. Erreur ! Et le volume des feuilles de thé ? Et le volume du filtre (surtout s'il est en terre cuite) ? Vous vous rendez compte alors qu'elle contient cinq tassées plus les feuilles de thé plus le filtre. Il vous faut doser alors seulement 10 g, sinon vous auriez l'équivalent de 2,4 g pour 10 cl. Pensez donc à cela quand vous mesurez votre théière. Faites-le après avoir préparé un thé. Cela vous semble peut-être un peu compliqué mais on ne mesure sa théière qu'une fois... à condition de ne pas oublier le résultat.

« Plus une cuillère pour la théière... » Difficile de dire quelque chose contre une idée « philosophiquement » aussi belle et « commercialement » aussi rentable. Cela permet juste d'augmenter le poids moyen de thé par tassée, qui à 1,5 g (poids d'une cuillerée moyenne) est quand même en général un peu bas. Quelques exemples :

- théière à quatre tasses : cinq cuillerées pour quatre = 1,875 g pour 10 cl au lieu de 1,5 g ;
- théière à six tasses : six cuillerées pour cinq = 1,75 g pour 10 cl au lieu de 1,5 g ;
- théière à douze tasses : treize cuillerées pour douze = 1,625 g pour 10 cl au lieu de 1,5 g.

C'est tout de même un résultat approximatif, irrégulier et non proportionnel. Nous compterons donc, dans ce livre, 2 g par tasse de 10 cl pour la plupart des thés, à l'exception de quelques thés noirs, de certains thés verts et blancs. Ces 2 g pour 10 cl comprendront tout le monde : la tasse, la théière, les hôtes, l'esprit du thé... Ce sera la « part ouverte ».

Ne pensez pas non plus qu'il suffit de laisser infuser plus longtemps peu de grammes pour avoir le même résultat qu'un temps d'infusion court avec un grammage important. Il n'y a pas d'équivalence comme celle-là. La qualité d'une liqueur est fonction de la quantité et de la qualité des éléments extraits. Or ces éléments s'extraient au bout d'un certain temps d'infusion. Autrement dit,

3 g pendant deux minutes ne donnent pas du tout le même thé que 2 g pendant trois minutes.

Conclusion provisoire (en attendant d'approfondir notre initiation) : 2 g pour 10 cl pour la plupart des thés. À partir de cette généralité nous travaillerons sur la température de l'eau et le temps d'infusion.

Voici pour finir quelques chiffres selon le principe « une cuillère par tasse plus une pour la théière » :

I – Une théière à six tasses (10 cl) avec sept cuillerées moyennes : 1,5 g × 7 = 10,5 g pour 60 cl soit 1,75 g pour 10 cl ;

II – Une théière à six tasses (10 cl) avec sept cuillerées bombées : 2,9 g × 7 = 20,3 g pour 60 cl soit 3,38 g pour 10 cl ;

III – Une théière à six tasses (10 cl) avec sept cuillerées timides : 0,5 g × 7 = 3,5 g pour 60 cl soit 0,58 g pour 10 cl ;

IV – Une théière à six tasses (15 cl) avec sept cuillerées moyennes : 1,5 g × 7 = 10,5 g pour 90 cl soit 1,16 g pour 10 cl ;

V – Une théière à six tasses (15 cl) avec sept cuillerées bombées : 2,9 g × 7 = 20,3 g pour 90 cl soit 2,25 g pour 10 cl ;

VI – Une théière à six tasses (15 cl) avec sept cuillerées moyennes : 0,5 g × 7 = 3,5 g pour 90 cl soit 0,38 g pour 10 cl.

Pas un résultat n'est identique. Dans le cas II, pour faire une tasse de thé de 10 cl nous utilisons presque six fois plus de thé que dans le cas VI. Et pourtant nous avons toujours respecté « une cuillère par tasse plus une pour la théière ».

Aussi, par respect pour votre hôte, votre palais et la pratique du thé, munissez-vous d'une petite balance. Cela vous donnera également l'occasion de rechercher l'équilibre autrement.

Thé et santé

Le thé bénéficie aujourd'hui d'un nouvel engouement, après celui suscité il y a un peu plus d'une vingtaine d'années avec l'explosion des thés parfumés, lié à la rencontre de récentes découvertes médicales et d'un souci d'alimentation saine, voire « médicale ». Le thé apparaît comme une « boisson bonne pour la santé », ce qu'il est d'ailleurs. Ce qui est amusant c'est que, en revanche, cette histoire est loin d'être récente. Le thé fut d'abord bu comme boisson thérapeutique il y a plusieurs millénaires. Mais quels sont ses effets ?

La théine [1] y est présente à hauteur de 2 à 5 %. À l'état naturel la théine est plus présente dans le thé que dans le café, mais une tasse de thé nécessite moins de grammes qu'une tasse de café : il y a donc moins de théine dans une tasse de thé que dans une tasse de café. De plus la théine du thé est liée à des polyphénols. L'effet de la théine aura lieu pendant plusieurs heures mais à un niveau stable et non excessif. La théine du café sera elle libérée rapidement, ce qui créera un grand pic d'intensité suivi d'une chute, et ceci sur une période de courte durée. Ainsi la théine du thé stimule sans exciter. Elle renforce la concentration, la capacité à soutenir un effort intellectuel, permet un flux de pensées plus claires et rapides, de meilleures associations d'idées, et réduit substantiellement la sensation de somnolence et de fatigue. Ce qui explique que le thé fut longtemps la boisson des moines et de la méditation.

Il possède d'autres substances bénéfiques telles que le fluor (de 0,2 à 0,3 mg par tasse de thé, ce qui est assez exceptionnel dans

1. En 1820 on a découvert la caféine, en 1827 ce fut au tour de la théine et en 1898 on réalisa que caféine et théine sont en fait le même élément : un alcaloïde.

la nature et qui prévient l'apparition de caries dentaires) et des vitamines (A, B1, C, E, P).

Une tasse de thé ne contient que très peu de calories, entre 2 et 4 calories par tasse.

La liste complète de tous les effets bénéfiques du thé serait beaucoup trop longue pour la recenser ici. Limitons-nous donc à une sélection :

- Le thé fait baisser la tension et prévient l'hypertension artérielle.
- Il est recommandé aux cardiaques car l'action du tannin et de la théine est tonique sur les artères coronaires et il possède une enzyme anticoagulant assurant la fluidité du sang.
- Il ralentit l'assimilation de certains nutriments, notamment sucres et graisses, régule le métabolisme et permet de réduire le cholestérol.
- Il combat les effets de l'alcool (un thé noir fortement dosé et infusé longtemps dégrise).
- Il diminue la péroxydation des graisses, une des principales causes provoquant le vieillissement des cellules humaines, et contribue à maintenir un juste pourcentage d'eau dans le corps (hydratation).
- Il éliminerait de 20 à 30 % du strontium 90 (radioactivité, retombées radioactives) contenu dans l'organisme et préviendrait partiellement l'absorption de radiations.
- Il a une action antidiabétique car il abaisse la concentration de glucose dans le sang en inhibant l'activité d'une enzyme.
- Il préviendrait certains cancers en ralentissant la mutation de certaines cellules.
- Par son action antioxydante, il préviendrait les lésions cérébrales (autrement dit les attaques cérébrales), etc.

Il s'agit toutefois de rester prudent avec ces informations, la recherche médicale étant si complexe et les intérêts économiques si grands… Quoi qu'il en soit, sachez que c'est une boisson éminemment saine et bue à ce titre depuis des millénaires dans la médecine préventive chinoise. Les effets négatifs sont quasiment inexistants et bénins dans le cadre d'une consommation non excessive.

Beaucoup de vertus sont données exclusivement au thé vert. La raison en est très simple et les enjeux économiques importants : à l'heure actuelle ce sont principalement des pays producteurs de thé vert, comme le Japon, qui font le plus de recherches sur les effets du thé, or ils ne poursuivent leurs expériences que sur le thé vert afin d'ouvrir de nouveaux marchés à ce produit. Inutile de donner des arguments de vente aux concurrents…

Il faut simplement noter que le thé vert et le thé noir se partagent bon nombre de vertus médicinales. C'est une bonne raison, parmi d'autres, de ne pas faire d'exclusivité et de goûter à tous les types de thé.

Attention : certains thés d'importation directe sont vendus cher (et même très cher) sous les seuls arguments de vertus médicinales. Ils ne peuvent avoir d'autres arguments car ils sont de très basse qualité (ce sont souvent des restes de stocks ou des thés difficilement vendables tels quels). Ils profitent d'un dogme très actuel et non fondé : « Ce qui est sain est bon. » Ce n'est pas vrai car les boire est une véritable punition pour vos sens. Préférez alors des thés de la même « famille », car ils ont les mêmes propriétés, sont bien meilleurs au goût et, tout calcul fait, sont nettement moins chers !

Conclusion : non, le thé ne guérit pas d'un cancer pas plus qu'il n'est un remède miracle pour maigrir. En revanche, associé à un mode de vie sain, il vous apportera des trésors de bienfaits.

Mais assez de ces considérations hygiénistes. Ne commençons pas à réduire notre alimentation et nos comportements alimentaires au seul aspect fonctionnel. Ne nous traitons pas comme des machines. Notre humanité se nourrit également d'autre chose et la nourriture possède d'autres dimensions que la dimension physiologique. Citons les dimensions culturelle, symbolique, sociale, historique, spirituelle… sans oublier la notion clef de plaisir.

Les thés noirs (ou rouges)

Cette dénomination n'a pas de rapport avec la couleur des feuilles de thé ou de la liqueur. Cela désigne simplement un procédé de traitement des feuilles. Un thé noir (les Chinois utilisent la désignation « rouge ») est un thé dont les feuilles ont subi une fermentation.

Les Chinois n'apprécient pas beaucoup ce genre de thé et réservent presque toute la production de thé noir pour l'exportation. Ils racontent, non sans une certaine et douce malice, que l'engouement des Européens pour le thé noir serait dû à une erreur : lors d'un des premiers transports maritime de thé Chine-Europe, les caisses auraient été placées sous la ligne de flottaison, où il aurait moisi et fermenté. À l'arrivée on l'aurait consommé comme tel, persuadé qu'il n'y avait là rien d'anormal. Réalité, moquerie ou légende, rions ensemble de cette amusante histoire puisque sans ces quelques caisses de thé « pourri » nous n'aurions peut-être jamais su préparer un Darjeeling ou un Uva en méthode orthodoxe. Et puis il est vrai qu'en ces temps-là les marins lestaient le fond des cales avec des marchandises asiatiques : des céramiques Ming, statuettes et autres objets que l'on pensait sans valeur et que l'on appelait alors des « chinoiseries ».

Mais rassurez-vous, le thé noir ne consiste pas à laisser s'avarier les feuilles de thé. En effet il existe plusieurs procédés développant des compositions organoleptiques différentes (orthodoxe,

CTC, Legg-Cutter, Rotorvane, LTP...). Toutefois, voici un des traitements les plus courants pour les thés de qualité : le *procédé orthodoxe.*

Immédiatement après la cueillette, les feuilles subissente un *flétrissage* (de seize à vingt-quatre heures), ce qui permettra après de les rouler sans les briser. On étend les feuilles sur de longues claies ventilées pour qu'elles se déshydratent.

Elles sont ensuite roulées (environ trente à trente-cinq minutes), c'est le *roulage* : cette opération donne aux feuilles l'aspect que nous leur connaissons mais surtout permet, en brisant les cellules de la feuille, de libérer ses « huiles et sucs ».

Ces composants s'oxydent dans la phase dite de *fermentation* en donnant lieu à des réactions chimiques très complexes. Cette opération dure de une à trois heures et demande, elle aussi, un grand savoir-faire. Un thé trop fermenté « brûle » et son arôme est détruit, une fermentation trop courte le « frustre » et lui donne une note verte ne trouvant sa place dans aucun équilibre.

C'est par cette *oxydation*, qui a lieu dans une atmosphère chaude et humide, que les feuilles prendront une couleur tantôt noire si beaucoup de chlorophylle est présente, tantôt fauve s'il y en a moins.

La chlorophylle, qui est une substance déterminante dans l'oxydation, est plus présente dans les thés de plaine et en époque de mousson. Les thés aux feuilles très noires sont donc des thés de basse altitude ou/et de récolte de mousson.

La *dessiccation* vient alors arrêter la fermentation. Le thé passe dans des dessiccateurs où il subit une température élevée (90 °C) dans une atmosphère sèche. Après cette phase le thé possède une quantité d'eau qui ne devra être ni trop basse (ce qui, en le rendant en grande partie insoluble dans l'eau, enlèverait son arôme) ni trop élevée (car il moisirait).

Puis vient le *tamisage* qui trie le thé selon l'état de sa feuille (selon le grade) : feuilles entières, brisées, broyées... Les feuilles de thé sont alors mises en caisse moins de trente-six heures après leur cueillette.

C'est évidemment très schématique. Les durées de chacune de ces phases, par exemple, peuvent énormément varier et les difficultés de procédé sont très nombreuses.

Il n'y a pas plus de système pour mettre en valeur un thé qu'il n'y a de système pour réussir un tableau de maître.

Chaque responsable de la fermentation a son style, et c'est sa maîtrise qui fera la différence. Elle lui permettra de comprendre la feuille, de s'adapter aux multiples contraintes (climat, type de grade désiré, qualité du matériel végétal...), afin de faire passer la valeur de son message : celle du travail bien fait.

Les thés verts

La désignation « thé vert » n'a rien à voir avec l'aspect de ses feuilles ou la couleur de la liqueur. Cela désigne un thé non fermenté. Un thé vert peut être d'aspect noir et le contraire.

Après la cueillette et souvent un flétrissage, on chauffe le thé quelques minutes pour bloquer son évolution en détruisant les enzymes de la feuille et empêcher toute fermentation. Puis on procède à un malaxage-roulage et parfois à une dessiccation si on ajoute des fleurs de jasmin.

Il existe de nombreuses spécificités régionales (comme, par exemple, le chauffage à sec grâce à l'emploi de bassines en cuivre posées sur le feu dans la « méthode dite chinoise » ou à la vapeur dans la « méthode dite japonaise »), mais le schéma directeur est celui évoqué.

Les thés blancs

Sans flétrissage, après la cueillette, les feuilles sont juste passées à la vapeur, séchées puis emballées. Généralement ce thé est de saveur fleurie, de note fraîche et de couleur cristalline, très différent des thés noirs car non tannique. Il est surtout produit en Chine dans le Fujian. Citons deux thés blancs :

- Le Pai Mu Tan (« pivoine blanche ») : belles feuilles contenant beaucoup de bourgeons.
- Le Yin Zhen (« aiguilles d'argent ») : un des thés les plus chers au monde car il n'est constitué que de bourgeons et n'est, traditionnellement, récolté que deux ou trois jours par an. Il était un tribut impérial de la dynastie Qing (1644-1911). Les bourgeons sont grillés à 32 °C. On les enveloppe d'un papier puis ils sont placés dans des caisses en bois. Après deux jours on les grille, à basse chaleur, on les enveloppe à nouveau et, un jour après, a lieu le dernier chauffage… Enfin le Yin Zhen est prêt.

Les thés Oolong (ou semi-fermentés)

Oolong signifie « dragon noir ». La légende raconte qu'un jour un planteur se promenait dans son jardin à la recherche de quelques nouvelles saveurs. Il était plongé dans ses pensées lorsqu'il vit un immense serpent noir sortir d'un théier. Persuadé que c'était là un signe du destin, il arracha quelques feuilles de cet arbuste pour les goûter. Ce fut le premier le thé Oolong.

En fait le thé Oolong (comme un thé noir, vert ou blanc) doit ses saveurs si typiques à son mode de préparation. C'est un thé qui a subi une légère fermentation arrêtée par un chauffage dans une bassine de fer. Il proviendrait du Fujian (« heureux pays ») et serait apparu il y a plus de trois cents ans. Il est donc une spécialité du Fujian mais également de Formose (Taiwan).

Il est présenté en feuilles entières, est faible en théine, a un goût subtil qui rappelle les saveurs de la châtaigne, du miel, de la noisette. Sa liqueur peut être assez boisée. Il est plus « vert que noir » selon la méthode chinoise (de 12 à 20 % de fermentation) et plus « noir que vert » selon la méthode de Formose (de 60 à 70 % de fermentation). Recherchez le Tieh Kuan Yin (« déesse en fer de la miséricorde »), le Pouchong (Oolong légèrement fermenté), le Tung Ting (Oolong peu fermenté) et le Fancy, histoire de découvrir…

Bien sûr, lorsque l'on dit d'un thé qu'il a un goût de châtaigne, par exemple, cela ne veut pas dire qu'il est à la châtaigne. Dans un vin aux notes de fraises, on ne trouvera pas de fraises en suspension…

Les « thés rouges » d'Afrique du Sud, le maté et autres « thés de plantes »…

Certains produits n'ayant aucun rapport avec le thé sont abusivement appelés ou assimilés au thé afin de leur trouver une place sur le marché. Voici quelques exemples.

Le Rooibos Bush (parfois appelé thé rouge) : c'est une plante d'Afrique du Sud qui n'a rien à voir avec le théier (son nom scientifique est l'*Aspalathus linearis*) et qui en plus ne contient pas de théine et presque pas de tannin !

Le maté (ou *Ilex paraguariensis*) : c'est une plante d'Amérique du Sud, une variété de houx, forte en théine (ou caféine puisque c'est la même chose), qui n'a aucun rapport avec le théier.

Certaines infusions de plantes portent aussi, parfois, la mention « thé » sans contenir une seule feuille de thé ! Il faut préciser que certaines langues, l'allemand par exemple, utilisent le même mot pour thé et infusion... Et les traductions ne tiennent pas toujours compte de cette distinction...

Pour la petite histoire, les pays (par exemple toute l'Europe à l'exception de la Russie et du Portugal) qui utilisent un mot commençant par « t » pour désigner le thé *(tea, tee...)* ont connu le thé par voie maritime. Ils tirent cette désignation d'un dialecte chinois, celui d'Amoy (Xiamen), de la région du Fujian, où l'on dit : *te* ou *tay*. Les pays qui eux emploient un mot commençant par « tch » (la Russie, la Turquie, le Japon, l'Iran, l'Inde, le Moyen-Orient, le Tibet...) ont connu le thé par voie continentale et au travers du mot cantonais : *cha* ou pékinois : *tchaï*.

Les grades

Ils décrivent essentiellement l'apparence physique de la feuille de thé et pas toujours sa qualité (par exemple un FOP n'est pas supérieur à un Fannings ni un Fannings à un Dust).

Un thé à feuilles entières n'est pas meilleur qu'un thé à feuilles brisées ou broyées. Mais, bien sûr, un thé à feuilles broyées aura une liqueur plus forte qu'un thé à feuilles brisées, et un thé à feuilles brisées qu'un thé à feuilles entières.

Jusqu'en 1945, les thés étaient classés selon leur origine. Depuis on applique une même terminologie, en tenant très peu compte des origines. Ces grades sont très complexes (il y en a plus de soixante-dix !) et, malheureusement, pas toujours très fiables. On assiste, parfois, à des surévaluations dans le grade d'un thé pour le vendre plus cher. Toutefois voici quelques bons repères pour ne pas être perdu dans cette jungle...

Thés noirs

Feuilles entières

FOP (Flowery Orange Pekoe) : *pekoe* plus deux feuilles (cueillette fine). Parfois, comme à Darjeeling, la classification est encore plus précise : au-dessus de FOP et par ordre croissant de qualité : GFOP (Golden Flowery Orange Pekoe), TGFOP (Tippy Golden Flowery Orange Pekoe), FTGFOP (Finest Tippy Golden Flowery Orange Pekoe), SFTGFOP (Special Finest Tippy Golden Flowery Orange Pekoe).

OP (Orange Pekoe) : cueillette plus tardive. On ne trouve pas de *golden tips* car les bourgeons sont déjà devenus feuilles.

FP (Flowery Pekoe) : les feuilles roulées en boule donnent des liqueurs plutôt corsées, et aux couleurs intenses.

Pekoe : feuilles moins fines. Après traitement les feuilles sont plus courtes que OP. Pas de bourgeons, liqueur foncée et moins subtile.

Souchong (« sorte petite et rare » — sic !) : très grandes feuilles, basses, larges, âgées, faibles en théine. Ce grade est surtout utilisé pour les thés fumés, dans ce cas la qualité est acceptable. Sinon désigne des liqueurs de basse qualité.

Pekoe Souchong : cueillette grossière, peu d'arôme.

Feuilles brisées

BOP (Broken Orange Pekoe) : présentation régulière, pas de morceaux de feuilles plates, liqueur corsée, infusion très colorée, vigoureuse, plutôt charnue en low grown (thé de basse altitude), mordante en high grown (haute altitude). Comme pour les FOP, en présence de *golden tips*, on dira par ordre croissant de qualité : FBOP (Flowery Broken Orange Pekoe), GBOP (Golden Broken Orange Pekoe), GFBOP (Golden Flowery Broken Orange Pekoe) ou TGBOP (Tippy Golden Broken Orange Pekoe).

BP (Broken Pekoe) : cueillette moins subtile, absence de *golden tips.*

BPS (Broken Pekoe Souchong) : grossier, médiocre qualité.

Broken Tea : feuilles plates et irrégulières, mauvaise qualité.

Feuilles broyées (surtout utilisées pour les sachets)

Fannings (F) : petits morceaux de feuilles mesurant à peu près 1,5 mm. Infusion très colorée, très corsée. On rencontre aussi des OF (Orange Fannings) et des PF (Pekoe Fannings).

Dust : plus petit que Fannings, souvent moins de 1 mm. Il est impropre de traduire Dust par « poussière » car ce sont de vrais morceaux de feuilles, qui atteignent parfois des sommes élevées lors de ventes aux enchères.

Thés verts

Gunpowder (nom chinois Choo-Cha ou thé perlé) : jeunes feuilles cueillies pendant la première cueillette (avril) et roulées en une boule de quelques millimètres (Gunpowder). Produit en Chine, à Formose, en Inde, à Ceylan. (C'est le Gunpowder de Chine, utilisé avec de la menthe Nana du Maroc et beaucoup de sucre, qui est employé dans le thé à la menthe d'Afrique du Nord.)

Young Hyson : jeunes feuilles délicatement roulées. Produit en Chine.

Hyson (« heureuse fleur du printemps ») : comme Young Hyson, mais récolte un peu plus tardive. Produit en Chine.

Imperial : préparé comme le Gunpowder mais avec des feuilles plus grandes et plus vieilles.

Chun-Mee : feuilles roulées dans le sens de la longueur. Thé généralement de qualité. Produit en Chine, au Japon, à Formose, en Inde.

Sow Mee : feuilles ouvertes, irrégulières, parfois *off-grade*. Produit en Chine, à Formose, au Japon, en Inde, à Ceylan.

Natural Leaf : feuilles entières, plates, liqueur douce. On dit aussi Lung Ching en Chine.

Matcha (« poudre de thé ») : thé vert réduit en poudre par une meule, destiné à être battu avec un fouet en bambou et non infusé, selon une tradition datant de la dynastie Song (960-1279). Infusion amère très caractéristique. Utilisé pour la cérémonie du thé japonaise *(chanoyu)*. Produit au Japon.

Sencha (« thé infusé ») : Natural Leaf japonais. Produit au Japon, à Formose, en Chine.

Bancha : similaire au Sencha mais de qualité inférieure.

Hojicha : Bancha grillé. Brun, possède un parfum grillé unique. Produit au Japon.

Gyokuro (« perle de rosée ») : de meilleure qualité que le Sencha. D'un vert plus sombre, produisant un arôme plus développé et moins amer que le Sencha. Récolté à la fin avril. À la différence du Sencha, les théiers sont mis sous ombre afin de modifier certains de leurs composants : augmentation de la chlorophylle et réduction du tannin par exemple. Produit au Japon.

Qu'est-ce que l'Orange Pekoe ?

Ce n'est pas du thé aromatisé à l'orange. C'est tout simplement un grade. *Pekoe* signifie en dialecte chinois « duvet blanc » (car les jeunes feuilles ont un léger duvet blanc) et Orange est tout simplement, à titre d'hommage, le nom de la famille royale hollandaise (Oranje Nassau), car c'est aux marins hollandais que l'on doit les premières importations de thé en Europe au début du XVIIe siècle !

Les thés fumés

Maladroitement appelés par beaucoup de consommateurs « thés de Chine », ils sont certes de production chinoise mais ne représentent qu'une toute petite partie de la production nationale. Ce sont des thés noirs constitués de grandes feuilles (Souchong) placées dans un feu de racines d'épicéas, faibles en théine.

Selon la légende, tout commença en Chine au début de la dynastie Qing (1644-1911) dans le Fujian. Une troupe de l'armée impériale, en manœuvre dans la région, aurait séjourné dans une manufacture de thé. Gêné par cette présence et devant tout le retard que prenait son travail, le planteur avait alors eu l'idée d'allumer des feux d'épicéas (pins chinois) afin d'accélérer le traitement des feuilles fraîches qui s'accumulaient. Ainsi seraient nées ces nouvelles saveurs, si particulières et si délicates : celles du thé fumé.

Les thés aromatisés

Les thés aux fleurs (Hua-Cha) étaient courants depuis la dynastie Song (thé au jasmin, au lotus, au chrysanthème, à la rose, au magnolia), mais l'émergence foudroyante des thés aromatisés eut lieu dans les années 70 en France et en Allemagne (et peu en Angleterre). Les grandes marques lancèrent leur gamme dans les années 80.

Méthode de fabrication

~ *Dans le pays d'origine (et pour les thés aux fleurs)* : fleurs fraîchement cueillies mélangées après dessiccation sur thé encore chaud, puis après quelque temps on retire les fleurs (pour les thés verts) ; fleurs séchées et réduites en poudre, qui est mélangée pendant la dessiccation (pour les thés noirs).

- *Dans les pays consommateurs (et pour tous les types de thés) :* pulvérisation d'huiles essentielles, d'essences, d'arômes montés sur alcool ou de granulés concentrés.

Loin des méthodes modernes citons, par amour des actes poétiques, cette ancienne méthode chinoise de préparation du thé au lotus : on mettait du thé vert dans des petits sacs de gaze que l'on plaçait une nuit dans le calice d'un lotus. À l'aube, après la rosée, le thé était recueilli : il s'était alors imprégné des parfums de la fleur.

Il y a différents types de thés aromatisés

- *aux fleurs :* jasmin, lotus, chrysanthème, rose, violette...
- *aux agrumes :* bergamote, citron, orange, mandarine, pamplemousse...
- *aux fruits de nos régions :* poire, cerise, fraise, framboise, cassis, pêche, mûre, pomme, abricot...
- *aux fruits exotiques :* mangue, ananas, kiwi, fruit de la passion, cannelle, litchee, banane...
- *aux arômes « fantaisies » :* chocolat, moka, caramel, crème, rhum, whisky, cola, choco-menthe...

Avec les techniques actuelles tout est possible. Les seules limites sont celles du bon goût, mais elles n'ont pas l'air très contraignantes...

À noter aussi qu'il est, malheureusement, à la mode de mettre le plus de choses possible (pétales, écorces...) avec les feuilles de thé et, parfois, sans aucun rapport avec les aromatisants. Cela doit être juste pour la couleur... On peut appeler cela la « yaourtisation » : dans les yaourts aux fruits il faut des morceaux ; cela fait plus vrai...

Il faut aussi savoir, à propos de ce sujet, que certaines législations ne permettent de faire figurer sur le paquet le dessin d'un fruit que si le thé en contient quelques morceaux. Par exemple pour un thé parfumé à la pêche, on utilisera des arômes de pêche pour le goût... et des morceaux séchés pour avoir le droit de dessiner une pêche sur l'emballage.

Sachez que ces éléments étrangers au thé n'ont pas la même durée de conservation que le thé et présentent lors de l'infusion des réactions chimiques différentes. Autrement dit, cela fait « tourner » votre thé. N'oubliez pas que dans un bon thé au jasmin tous les pétales doivent être retirés.

Qu'est-ce que le Earl Grey ?

M. Edouard Grey, comte de Fallodon (earl Grey), fut ministre des Affaires étrangères de Grande-Bretagne (1905-1916). Lors d'un voyage diplomatique, il découvrit une ancienne recette de thé chinois aromatisé à la bergamote. Il l'offrit à la marque de thé Jackson of Piccadilly qui, pour le remercier, donna son nom à cette composition.

Ce qui explique, en grande partie, le succès de ce thé, c'est qu'il préfigurait d'une bonne cinquantaine d'années les autres thés aromatisés. Puis, une fois les habitudes prises...

Qu'est-ce que la bergamote ?

C'est le fruit du bergamotier, apparu avant 1700 en Italie du Sud, produit par une hybridation entre un bigaradier (citrus proche de l'orange) et un citronnier. Cet agrume à peau lisse, mince et coriace est principalement cultivé en Calabre, en Sicile, en Côte-d'Ivoire, en Guinée et au Brésil.

Quel est l'intérêt des thés aromatisés ?

Et celui d'un saint-émilion au sirop de grenadine ? Pas évident...

Les fabricants de thés aromatisés insistent sur le fait que ce type de produit, par le biais des arômes, amène une clientèle au thé (les jeunes et les femmes par exemple), clientèle qui aura, après, envie de découvrir le vrai goût du thé.

Ce qu'ils oublient surtout de dire c'est que par l'emploi d'arômes on peut masquer un thé et vendre ainsi un thé médiocre à un prix normal (regardez par vous-même le nombre de *stalks* — bouts de bois — ou de feuilles plates ou mal fermentées présents dans ces thés). C'est une pratique non systématique mais, malheureusement, courante.

En fait il faut surtout distinguer les merveilleuses compositions, un thé vert au jasmin selon la méthode ancestrale par exemple, des compositions désordonnées et intéressées.

Les blends

Les *blends*, comme nous l'avons vu plus haut, constituent le quotidien des grandes marques à fort débit. Ce sont des thés bien souvent communs, sans intérêt. Toutefois, certains *blends* réalisés par des *tea-tasters* peuvent donner lieu à d'intéressants et difficiles exercices d'équilibre d'harmonies.

Voici les formules de quelques classiques qui peuvent, selon les qualités de l'artiste, donner des *blends* effroyables ou talentueux.

Breakfast : *blend* conçu pour le petit déjeuner, comme son nom l'indique, il est souvent BOP pour avoir une liqueur plus corsée et est constitué de thés à corps comme des Assam ou des thés d'Afrique. On peut utiliser aussi des Ceylan ou des Nilgiri (Inde du Sud) pour le mordant et, en haut de gamme, un Darjeeling pour l'arôme.

Irish Breakfast : Ceylan/Assam.

Brunch : *blend* de création assez récente alliant la force d'un Assam avec la finesse d'un Darjeeling.

Afternoon Tea : généralement même composition que le Breakfast mais en FOP pour être moins corsé et plus aromatique.

Five O'clock Tea : généralement Ceylan + Darjeeling ou Assam... le tout en FOP ou OP.

Caravane : *blend* de thés de Chine non fumés retraçant la route d'une caravane : Yunnan + Keemun + Sichuan, etc.

Goût russe : Ceylan + Inde + Chine + arômes d'agrumes.

Chine Pointes blanches : *blend* de thés fumés avec d'autres thés chinois non fumés. Très délicat et aromatique et très en vogue en France entre les deux guerres.

Impérial Or : *blend* de thés de Chine délicatement fumés avec un peu de thé au jasmin.

Mélange anglais : ne correspond pas à une composition définie : Inde, Ceylan, Afrique, Indonésie, Argentine, Chine... Peut être tout et rien à la fois.

Notons aussi quelques compositions très intéressantes comme Yunnan/Darjeeling, Yunnan/Assam...

La température de l'eau

Bien entendu, l'eau ne doit pas bouillir, elle perdrait son oxygène (ce que les Maîtres appelaient intuitivement son « énergie vitale ») et donnerait des liqueurs ternes et cassées.

L'eau doit « sourire », c'est-à-dire être frémissante. Citons l'image qu'utilisait un Maître chinois du VIIIe siècle pour définir les trois stades d'ébullition :

- dans le premier les bulles ressemblent à des yeux de poisson ;

- dans le deuxième elles ressemblent à des perles de cristal qui glissent dans une fontaine ;
- … et dans le troisième des vagues jaillissent !

Le deuxième stade était son préféré pour le thé.

Un autre grand théiste disait aussi : « Jusqu'à l'instant net où, au-delà du calme de la mer, le murmure de la tempête vient à nous. »

Dans les samovars un espace était toujours aménagé entre le niveau de l'eau et le couvercle. Avec cette cavité il est possible d'entendre le « souffle de l'eau » qui nous indique la température. Ainsi le samovar dans l'ordre chante, bruit puis gronde.

Hormis ces points principaux la question de la température de l'eau se pose surtout pour les thés verts et blancs.

Voici schématiquement quelques exemples pour vous aider :

- thés verts : de 60 à 95 °C ;
- thés verts à arômes délicats : de 60 à 75 °C ;
- thés verts plus forts, plus « insistants » : de 75 à 95 °C ;
- Gyokuro : entre 50 et 60 °C ;
- Matcha : autour de 50 °C ;
- Sencha : de 70 à 95 °C ;
- Genmaicha : de 90 à 95 °C ;
- thés blancs : entre 70 et 85 °C ;
- thés blancs exceptionnels : de 50 à 70 °C.

Sachez qu'à l'intérieur d'une de ces catégories plus le thé est de bonne qualité moins il supporte une eau à haute température. Un Sencha de grande qualité se fera donc infuser dans une eau à 70 °C alors qu'un Sencha ordinaire se plaira dans une eau à 90 ou 95 °C.

Ces exemples valent ce que valent les généralités. Toutefois ils constituent une bonne base pour affiner votre pratique.

Dernier conseil : comment connaître la température de son eau ? Sachez que si vous faites reposer votre eau 3 à 4 minutes après le point d'ébullition sa température sera d'environ 90 °C, et de 75 °C après 12 à 15 minutes. Toutefois cela dépend encore de beaucoup de facteurs... alors munissez-vous plutôt d'un thermomètre spécial, c'est encore ce qu'il y a de mieux.

Les temps d'infusion

Chaque thé a un temps d'infusion qui lui est propre et extrêmement précis. Il doit atteindre son point d'équilibre, d'harmonie, et demande donc une précision exprimée en secondes. Évidemment c'est au cas par cas, et les questions sur les temps d'infusion sont fréquentes. Voici donc un petit barème qui n'a pour but que de donner, de façon très approximative, une idée d'ensemble :

- thé blanc : de 7 à 20 minutes ;
- thé vert : de 1 à 5 minutes (généralement un thé vert chinois s'infuse plus longtemps qu'un thé vert japonais) ;
- thé Oolong : autour de 7 minutes ;
- thé noir à feuilles entières : de 3 à 5 minutes ;
- thé noir à feuilles brisées : de 3 à 4 minutes ;
- thé noir à feuilles broyées : de 2 à 3 minutes ;
- thé aromatisé : de 3 à 5 minutes.

Un bon temps d'infusion permet au thé de se poser et nécessite, de notre part, que l'on sache se placer par rapport à ce dernier.

Une autre construction...

Il est parfois préconisé (notamment pour un first flush) une autre construction de liqueur.

Elle consiste à mettre plus de thé (plus d'une cuillère par tasse) et de le laisser infuser moins longtemps (de 2 à 3 minutes). Cette construction développe l'arôme au détriment du corps et offre beaucoup de théine et peu de tannin. Étant très élective, elle peut se justifier dans certaines recherches de saveurs, mais il ne faudrait pas la généraliser. Le thé a besoin de s'épanouir et son travail est un exercice de justesse, d'harmonie.

Prenez soin de ne pas avoir dans votre tasse une liqueur « impatientée » : donnez-lui la possibilité de s'équilibrer.

Le choix du thé dans le moment

On entend parfois parler de choix de thés selon les heures : il y aurait un thé pour le matin, un pour l'après-midi, un pour la fin d'après-midi, un pour le soir, etc.

Ainsi on incite le consommateur à posséder différents types de thés chez soi, et non un seul que l'on ressort quel que soit le moment. Car c'est bien de moment qu'il s'agit et non de l'heure. Notre état d'esprit, la circonstance, notre intention, la couleur du moment, se réuniront plus facilement dans telle saveur que dans telle autre. C'est le moment qui fait le thé et non l'heure. Êtes-vous chaque matin de la même humeur ? Tous les jours à 21 heures est-ce le même moment ?

En fait les listes consistent généralement à mettre les thés les plus corsés le matin et les plus faibles en théine le soir. Elles tiennent aussi compte du salé/sucré (pour le petit déjeuner par exemple) et proposent des unions de saveurs parfois maladroites, parfois arbitraires, parfois intéressantes.

Ne vous inquiétez donc pas si vous éprouvez un vif plaisir, à la tombée de la nuit, à déguster un thé « classé » un jour par quelqu'un pour les petits déjeuners salés. Ce n'est pas une « faute de goût ». Car sachez que les plus intéressantes communions saveurs/moments seront toujours celles que vous découvrirez vous-même…

L'Angleterre est-elle le pays du thé ?

En consommation quantitative : oui (à peu près 4 kilos de thé par an et par personne, soit six tasses par jour (mais ce chiffre de consommation est actuellement en baisse), contre 200 g pour la France). En consommation qualitative : pas vraiment.

Chaque pays a, évidemment, des sensibilités différentes et des goûts nationaux (voire provinciaux en réalité). Cela peut sembler une lapalissade que de dire que les Anglais ont le goût de leur cuisine.

En Angleterre on trouve quasiment toujours le même type de thé. C'est un *blend*, généralement bon marché, mêlant quelquefois des thés verts bas de gamme (pour faire baisser le prix du *blend*) à des thés noirs très *stalky* ou *fibrery* d'Assam, d'Afrique, d'Amérique latine, d'Iran, d'Indonésie, préparés selon le *procédé CTC* (Crushing-Tearing-Curling ou « broyage-déchiquetage-bouclage »).

Ce procédé fut créé en 1930 en Assam pour traiter les feuilles grossières. Désormais certains jardins se sont spécialisés dans ce procédé. Le CTC produit, à grand rendement, un thé broyé sous forme de petites boules donnant une liqueur très foncée, forte, au mieux nerveuse ou/et charnue, au pire âcre. Les Anglais consomment ce type de thé avec du lait (le lait anglais est lui très goûteux et *smooth*) et du sucre.

Il est curieux de savoir qu'en France, malgré une consommation annuelle par habitant, en étant très optimiste, de 200 g de thé (tout comme l'Europe du Sud on n'échappe pas à notre latinité : on boit surtout du café), il y a plus de salons de thé qu'en Angleterre et que la France est le pays où l'on trouve le plus grand choix de thés.

Que faut-il comprendre ? Sans doute qu'il existe une véritable tradition française des plaisirs gustatifs qui bénéficie au thé en tant que boisson « luxueuse » (et nous l'avons vu cette idée de luxe associée au thé est propre à la France).

Que vaut un tea-bag ?

Souvent on assiste, dans l'opinion commune, à une ligne de partage entre un « bon thé » à feuilles entières et un mauvais thé en *tea-bag* (en sachet), car la plupart des thés utilisés en *tea-bags* sont en feuilles broyées. Or nous avons vu que la taille des feuilles suggère un type de liqueur (plus aromatique et avec moins de corps pour les feuilles entières, par exemple) mais non sa qualité.

Le *tea-bag* en lui-même n'est ni positif ni négatif. *C'est l'usage que l'on en fait qui importe.*

L'usage du « fabricant » : le sachet ne doit pas comporter une agrafe métallique, il ne faut pas non plus que le papier ou le fil aient été blanchis au chlore, et bien sûr il faut que le thé ait assez de place pour s'épanouir. Il faut également que le fabricant ait bien sélectionné ces matériaux et attendu un certain nombre de jours après la fabrication de l'emballage avant d'y mettre le thé, sinon le thé devient *papery* ou *tainted*... c'est-à-dire qu'il prend le goût du papier, du carton, du coton, de la mousseline, de l'encre ou de la colle. Et n'oublions pas que, les feuilles sèches étant cachées dans le sachet, il est tentant d'y mettre du thé de basse qualité.

L'usage du consommateur : la rapidité du sachet inscrit le thé dans une autre démarche souvent au détriment du geste initial. Il faut alors réinventer un autre geste si l'on tient à la qualité du goût et de l'instant. Un autre geste qui se tiendrait au plus près des exigences que nous apprend le thé, un autre geste de respect. Dans sa facilité, l'usage du *tea-bag* amène à une fausse simplicité, une fausse humilité qui peut faire illusion. À vous de rester éveillé…

Nota : on trouve parfois des *tea-bags* « tradition ». Sachez que le *tea-bag* est un produit nouveau, au-delà d'une légende qui le fait remonter à 1904, puisqu'il existe depuis les années 20 et surtout, commercialement, depuis la Seconde Guerre mondiale.

Comment déthéiner son thé ?

Plutôt que d'acheter cher un thé déthéiné au goût approximatif, sachez qu'une grande partie de la théine est libérée dès la première minute d'infusion. Il suffit donc de laisser infuser les feuilles de thé une minute (ou deux), puis de jeter cette première eau pour, avec une deuxième eau, préparer votre thé.

Ce n'est toutefois pas une incitation car le thé ainsi préparé, bien que d'un goût souvent supérieur à celui des thés déthéinés du commerce, n'est ni un chef-d'œuvre de sensualité ni un phare d'harmonie. De plus les tannins, lâchés progressivement dans le thé durant l'infusion, ont déjà tendance à équilibrer les effets de la théine.

Mais comme, malgré tout cela, il y a des « accrochés » aux déthéinés (ou des paranoïaques de la théine)… qu'ils sachent au moins cela.

Le théier

Le théier appartient au genre *Camellia sinensis (L.) O. Kuntze*, ordre des guttifères, famille des ternstrœmiacées (théacées). Kaempfer en fit le premier une description en 1712 sous le nom de *Thea japonense*. Puis en 1753 Linné l'appela *Thea sinensis*. Linné en 1762 distingua le *Thea viridis* pour le thé vert et le *Thea bohea* pour le thé noir. Quand on s'aperçut que le thé noir et le thé vert venaient du même théier, on ne garda plus que le nom *Thea bohea*. Le Congrès botanique d'Amsterdam en 1935 décida de remplacer *Thea* par *Camellia*. Ainsi *Camellia sinensis* signifie mot à mot « camélia chinois » car, en effet, le théier est une espèce de camélia. Le genre *Camellia* compte un peu plus de quatre-vingts espèces.

Le théier est un arbre à feuilles persistantes, pouvant atteindre de dix à quinze mètres, jusqu'à vingt mètres pour certaines variétés. Il existe des théiers sauvages plusieurs fois centenaires faisant plus de trente mètres. Pour des raisons pratiques, il est coupé en plantation à environ un mètre du sol, ce qui permet de cueillir les feuilles supérieures (les plus jeunes qui sont les plus riches en substances : théine, tannin, etc.) sans avoir recours à des échelles...

Il existe différents types de matériel végétal (race, hybride, mélange de phénotypes...). Citons par exemple les races *Camellia sinensis var. sinensis*, *Camellia sinensis var. assamica* et *Camellia sinensis var. cambodiensis* qui possèdent, tout comme les cépages, des caractéristiques botaniques (résistance au froid, aux fortes pluies, etc.) et organoleptiques (saveur, couleur, présence, etc.) propres.

Rappelons toutefois que contrairement à une idée longtemps répandue les thés verts/noirs/blancs peuvent être obtenus avec n'importe quel matériel végétal. Ces dénominations ne concernent que le traitement donné aux feuilles.

La culture mondiale du théier

La Chine

Cet arbuste a été découvert en Chine peu de temps avant notre ère. Rapidement on observa les effets bénéfiques d'une boisson préparée à partir de ses feuilles. On employa alors le thé, dans un premier temps, comme remède pharmaceutique et stimulant intellectuel pour la concentration et la méditation.

La Compagnie des Indes orientales, ou East India Company, de nationalité anglaise, s'assura le monopole du commerce du thé en 1715 (monopole des transactions avec la Chine), après l'avoir l'avoir retiré à la Vereeningde Oostindische Compagnie, compagnie hollandaise. Elle se fournissait alors chez le seul pays producteur : la Chine.

Il y avait bien le Japon qui produisait du thé, depuis l'apport du théier sur cette île en 805 de notre ère (âge du thé battu), mais en trop petite quantité.

La Chine, qui fut réticente à cette « invasion barbare » et aux violences économiques du système occidental, ferma au maximum ses frontières, taxa lourdement ses thés, imposa de nombreuses conditions.

L'East India Company eut alors recours à l'opium (tout comme l'emploi de l'alcool sur les Indiens d'Amérique) produit dans sa colonie indienne pour miner l'économie et asservir les hommes.

Et lorsque la Chine tenta de rejeter l'opium, cela déclencha deux guerres (1840-1842 et 1856-1860) appelées « guerres de l'Opium ». Cela consistait à envoyer l'armée piller les richesses, prendre des territoires (comme Hong-Kong par exemple), ouvrir au commerce de nouvelles villes, de nouveaux ports, permettre le travail des missionnaires, imposer des conditions et répandre l'opium.

Ce monopole fut aboli en 1834 par le Earl Grey's Act (aucun rapport avec le thé aromatisé à la bergamote). Les Anglais envoyèrent alors des botanistes-espions, parfois déguisés en Chinois, voler des plants de thé, un peu de main-d'œuvre et le savoir-faire. G.J. Gordon et Robert Fortune furent de ceux qui réussirent entre 1830 et 1850.

L'Inde

En 1823 un aventurier, Robert Bruce, découvrit dans la jungle indienne, l'Assam, une tribu qui préparait une étrange boisson à base de feuilles d'un arbre géant (jusqu'à vingt mètres de hauteur).

Il demanda au chef qu'on lui montre l'arbre. Robert Bruce devait revenir un an après avec des plants mais il mourut entretemps. C'est alors son frère, C.A. Bruce, qui avait la charge d'une division de canonnières, qui « convainquit » le chef Singpho de donner des graines et des plants. Il y eut ensuite toute une bataille pour savoir si c'était du thé ou non. On se mit d'accord, c'était du thé mais « sauvage » (en fait c'était une autre race de théier : *Camellia assamica*). Et le thé sauvage ne peut pas être aussi bon que le thé travaillé depuis des siècles, pensait-on. On s'évertua alors à importer des graines de Chine.

Enfin l'accord fut favorable et les plantations commencèrent avec une main-d'œuvre chinoise importée. Il fallut quatre ans à C.A. Bruce pour démarrer cette exploitation pilote.

Ce ne fut qu'en 1836 que les premiers échantillons de thé indigène furent envoyés à Calcutta : en 1938 le navire *Calcutta* rejoignit Londres avec huit caisses de thé d'Assam ; la vente aux enchères eut lieu le 10 janvier 1839. L'accueil fut triomphal mais c'était, surtout, plus dû à la nouveauté qu'à la qualité encore très approximative.

On raconte aussi que Robert Bruce n'aurait que repris à son compte cette découverte faite par un noble assamais local, Maniram

Dewan. On raconte qu'on aurait forcé un peu la main, pour avoir les graines, à la tribu Singpho. On parle même un peu d'opium...

Et on oublie de dire que cela faisait quand même plusieurs milliers d'années que, dans un coin de la jungle, paisiblement, quelques tribus se préparaient leur thé...

Ceylan (actuel Sri Lanka)

Ceylan était un ancien grand pays producteur de café avant qu'une maladie (l'*Hemileia vastatrix*) ne détruisît toutes les plantations de 1865 à 1890. On remplaça alors les caféiers par des théiers...

Cette idée géniale de planter des théiers fut l'œuvre de James Taylor, qui fit ses premiers essais dans le jardin Loolecondera, champ n° 7, en 1860. Il inventa également la première machine à rouler les feuilles. Ce fut un tel succès que la Banque orientale anglaise racheta la plantation, dont Taylor n'était pas même propriétaire, et le « remercia ». Il mourut à cinquante-sept ans, usé, pauvre, de dysenterie... et de chagrin.

Formose (actuel Taiwan)

Bien que des théiers sauvages aient pu pousser sur cette île, aucune production de thé n'a été enregistrée avant qu'un certain Ke Tch'ao, quittant le Fujian (Chine continentale) pour Taiwan, ait planté des graines de thé dans un vallon du nord de Taiwan situé dans la forêt de Fengtselin.

C'est de cette région-là que se développa le thé qui s'exporta dès 1865 et gagna les États-Unis quatre ans après, où l'Oolong de Formose connut et connaît toujours une grande histoire d'amour.

Mais cet amour ne fut pas sans mésaventures. En effet, peu de temps après les premières exportations, le cours mondial du thé s'écroula et l'Oolong de Formose resta à quai.

Les producteurs créèrent alors le Pouchong (Oolong très peu fermenté) qui, sous l'impulsion d'un commerçant venu du Fujian en 1881 pour fonder la compagnie Yuanlong, connut un développement rapide. À la fin du XIXe siècle, la production et l'exportation de thé taiwanais devinrent à nouveau tellement importantes, et prépondérantes pour l'équilibre du pays, que le premier gouverneur de Taiwan fonda la Guilde des marchands de thé afin d'accroître le nombre de jardins et la qualité des thés. Les plantations gagnèrent alors rapidement le sud. En 1893, on estime la quantité de thé exportée cent vingt fois supérieure à celle de 1865 !

Sous l'occupation japonaise (1895-1945), l'occupant procéda à la mécanisation de la production, importa de nombreux plants du Fujian et, grande révolution, d'Assam ! Cela afin de produire surtout du thé noir.

Puis il y eut la Seconde Guerre mondiale qui porta un lourd préjudice aux plantations. Mais peu à peu Formose recouvra ses capacités productrices et une qualité d'Oolong et de Pouchong qui fait le bonheur des amateurs… et des quelques théistes américains.

Depuis

Depuis, on cultive le théier en Amérique du Sud (Argentine, Équateur…), en Afrique (Kenya, Zimbabwe, Rwanda, Cameroun, Mozambique…), en Géorgie, en Turquie, en Iran, en Indonésie, au Viêt-nam, sur l'île Maurice, en Malaisie… Il y eut même quelques essais pas très concluants en Bretagne, à Paris et en Corse…

Il faut donc noter qu'à l'exception de la Chine, de l'Inde et de l'Indochine tous les autres pays sont des jeunes producteurs ne remontant pas plus loin que la seconde moitié du XIXe siècle, voire le début du XXe.

Il se peut que dans un premier temps…

Il se peut que dans un *premier temps*, en guise d'approche, on situe le thé par rapport à soi et non l'inverse. Cela se traduit par une trop grande importance donnée à des habitudes fondées sur pas grand-chose et justifiées hâtivement par un « c'est mon goût ». On tente d'enfermer le monde, et soi-même par la même occasion, dans son « j'aime/j'aime pas ». On compare, on réduit, on étiquette, on refuse… En bref, on se rassure.

Ce n'est pas alors le thé que l'on voit mais son image du thé, tel un écran entre lui et soi. Ce qui correspond à cette image va et ce qui ne correspond pas ne va pas. Quitte parfois à forcer, comme un objet de forme cubique que l'on briserait pour le faire rentrer dans une fente ronde. On est à l'image de cet invité qui, croyant que l'hospitalité lui est due, pose ses conditions [1]. On ne sait alors pas très bien distinguer un bon thé d'un mauvais et on comprend mal la valeur de tout ce qui peut être fait autour de cela.

Puis, au détour d'une émotion, d'une sensation, d'une conversation intime (avec un inconnu, un ami, l'instant ou le silence) ou d'un bouleversement affectif, on s'éveille sur le thé. Commence alors un *deuxième temps*. On prend conscience que le thé est inscrit dans un mouvement initié avant nous et qui continuera bien après nous. On prend conscience que ce mouvement est une évolution ordonnée, qui va dans un certain sens. On accueille, ou du moins on pressent, la « part des ancêtres » : leur témoignage, leur travail, la transmission de l'espoir…

On sait alors que le thé peut nous apprendre des « choses », qu'il peut développer en nous certaines réalités si on le sert bien. Commence l'apprentissage. Humblement on ne se fait plus le centre

1. Sachez à ce sujet qu'un invité ne se sert jamais du thé ! Le thé est la boisson de l'hospitalité. Il ne se prend pas, il s'offre. À celui qui reçoit d'être à la hauteur…

d'un monde régi par son « j'aime/j'aime pas ». On accepte d'apprendre, d'évoluer, de recevoir. Nos iniques habitudes ont fait place à des exigences de l'être. *On se situe par rapport au thé.*

Il n'est nullement besoin de rechercher des connaissances théoriques pour débuter ce deuxième temps. La connaissance nourrit en son sein trop de mauvais penchants et de flatteries réconfortantes. N'oublions pas que le monde profane n'est pas celui de la non-connaissance mais celui du non-respect.

Il faut du ressenti, sinon l'« organoleptique » ne suivra pas. Vous connaîtrez, avec votre intellect, la différence entre un Assam et un Yunnan, mais vous serez perdu sur le terrain des saveurs... Quant à celui de l'émotion...

Il faut sourire à la fleur sans penser que, faute d'avoir des yeux, elle ne le voit pas. Elle n'a peut-être pas besoin d'yeux pour le voir. Et un sourire existe par lui-même, par son essence. On n'a pas besoin d'être vu pour sourire. On ne cherche pas de profit.

Il faut écouter le chant de l'oiseau sans chercher à l'analyser. Car au-delà de toutes les analyses, et de leur contraire, « c'est l'oiseau qui chante qui a raison ». Il chante posé sur une branche et l'arbre teinte son chant.

Il faut croire en l'homme en dépit de tout ce qui peut nous faire penser le contraire. Car l'amour, le partage, le dévouement, le don ne reposent pas sur un calcul de probabilités. « L'homme dépasse infiniment l'homme. »

La justesse de sa pratique ne repose pas sur des livres ou des choses emmagasinées dans sa tête, mais sur la sincérité lumineuse de sa respiration.

Découvrir quelques thés

Voici quelques thés qui vous permettront de vous essayer à de nouvelles saveurs types et, par là même, d'affiner votre « paysage sensuel ». Sachez qu'il existe des milliers de thés différents.

Ces indications sont très schématiques et reviennent à dire, par exemple, que les vins rouges de Bourgogne sont comme ceci ou comme cela, sans tenir compte des énormes différences de qualités et de caractéristiques liées aux vignobles, aux récoltes, etc. Elles ont donc pour but, uniquement, de vous donner envie de découvrir ces thés.

Thés noirs

L'Inde

Régions productrices principales : Darjeeling, Assam, Dooars, Terai, Kangra, Cachar, Travancore, Nilgiri et Sikkim (région sous protectorat indien).

Darjeeling : cultivé au pied de l'Himalaya, région nord-est de l'Inde, un thé exceptionnel et cher. On y connaît surtout trois *flushes* par an. S'intéresser surtout au premier *flush* (*récolte de printemps de mi-mars à mai selon les conditions climatiques* : liqueur pâle, note verte, très aromatique, légère, mordante et pointue, peu de corps, arôme délicat, se consomme rapidement) et au deuxième *flush* (*récolte d'été de fin mai à juillet selon les conditions climatiques* : liqueur cuivrée, aromatique, développe un goût de fruit mûr, un goût « muscat » unique au monde, un bouquet riche, peu de corps). Il est dit que l'attaque des théiers par des green flies *(Empoasca flavescen)*, qui a lieu à cette époque de l'année, désorganiserait le chloroplaste, concentrerait tout le suc dans les jeunes feuilles et serait ainsi à l'origine du *muscatel flavour*. Ne prendre que des jardins, car il existe beaucoup de faux Darjeeling ou de thés coupés (13 000 tonnes produites par an contre 40 000 à 50 000 tonnes vendues par an !).

Assam : région de jungle, nord-est de l'Inde, liqueur charpentée, corsée, vigoureuse, puissante, tannique, astringente, épicée, d'un rouge profond et intense. Peut être parfois lourd, maladroit. Préférer aussi les jardins. Son énergie est dans le « faire ». Goûter aussi l'Assam première récolte *(first flush)*, qui est difficile à trouver mais très appréciable.

La Chine

Régions productrices principales : Fujian, Zhejiang, Jiangsu, Hunan, Sichuan, Hubei, Anhui, Yunnan, Guangxi, Jiangxi, Guangdong.

First crop : principalement entre le festival de la Claire Lumière (5 avril) et le « grain de pluie » (20 avril). Récolte abondante et fine, feuilles jeunes et tendres. Quelquefois aussi en mai. Thés « d'avant la lumière » si les feuilles sont cueillies avant le 5 avril et « d'avant les pluies » si récoltées avant le 20 avril.

Second crop : de début juin jusqu'à juillet. Feuilles ayant atteint la maturité. Thés « branches jaunes ».

Third crop : entre la « rosée blanche » (8 octobre) et la « descente du givre » (23 octobre). Thés « de la rosée ».

Il existe aussi les « balles de nuage », feuilles cueillies après la chute des neiges en hiver, qui connaissent quelques amoureux.

Les thés de Chine sont, généralement, moins théinés que ceux d'Inde et de Ceylan.

Yunnan (« au sud des nuages », province de Chine) : entre 1 000 et 2 500 m. C'est dans cette région que l'homme découvrit le thé il y a plus de deux mille ans. Sur les 380 espèces de théiers, on en trouve 260 dans cette région. Liqueur remarquable, présente une connivence avec l'Assam, mais plus rond, plus chaud, plus onctueux. Stimule sans énerver. Un thé ayant de l'autorité mais non autoritaire. Son énergie est dans l'« être ».

Keemun (thé noir de la province de l'Anhui) : liqueur très fine, flaveur subtile et sucrée, a des gammes proches de celles de l'orchidée et possède très peu d'astringence. Parfum parfois légèrement chocolaté. Un thé qui tient sa discrète mélodie sans faire de bruit.

Pu Erh (Yunnan) : un des « plus vieux thés » car il servait à la composition des briques de thé. Provient de théiers proches des théiers originaux de l'époque de la préglaciation. Il n'est pas complètement un thé noir ni vraiment un Oolong : plus fermenté qu'un Oolong « classique » et d'une fermentation différente des thés noirs « habituels ». Surprenant. Il a un goût de terre mouillée après l'orage (et pour cela est tant aimé des poètes chinois du VIIIe siècle). Un parfum, une flaveur, une couleur, tirés de canons esthétiques d'une autre époque. Exceptionnel et émouvant.

Thés fumés (région du Fujian) : de plus en plus fumé : Chine Pointes blanches / Lapsang Souchong / Tarry Souchong. Feuilles très noires, liqueur caractéristique et, malgré les préjugés, délicate et claire. Faibles en théine. Très en vogue en France entre les deux guerres.

Formose (actuel Taiwan)

Tarry Lapsang Souchong : le plus fumé des thés fumés.

Ceylan (actuel Sri Lanka)

Principaux districts producteurs : Dimbula (1 200-2 000 m), Uva (600-1 600 m), Nuwara Eliya (high et medium grown), Kandy, Ruhuna…

Les jardins sont divisés en low grown (de 0 à 600 m d'altitude), medium grown (de 600 à 1 200 m) et high grown (plus de 1 200 m).

Dimbula (région de Ceylan) : altitude entre 1 200 m et 2 000 m. Liqueur très astringente et longue en bouche, aromatique, moins de corps et plus acide, légère note citronnée. Tasse rouge clair. Rechercher les jardins. Récolte de qualité de mi-février à mi-mars.

Uva (région de Ceylan) : altitude entre 600 et 1 600 m. Liqueur rouge sombre, vive avec du corps et de la couleur, fraîche, astringente, longue en bouche, cuivrée, amertume fruitée. Rechercher les jardins. Récolte de qualité de fin juin à fin août. Arôme délicat, se consomme rapidement.

Nuwara Eliya (prononcer *Nu-Rai-Lia*, région de Ceylan) : thé d'altitude, le « champagne » des thés de Ceylan (très aromatique, goût avec éclairs de jasmin pour les meilleurs). Liqueur jaune-orange. Flaveur très fine et développée, parfum unique, note citronnée, astringente. Rechercher les jardins. Récolte de qualité entre janvier et mars.

L'Afrique

Kenya (Marinyn) : goût vivant, belle couleur

Thés semi-fermentés (Oolong)

La Chine

Tieh Kuan Yin (« déesse en fer de la miséricorde ») : liqueur boisée et astringente. Régions Fujian, Guangdong.

Shui Hsien (« fée de l'eau ») : parfum subtil à l'éclat insistant. Régions Fujian, Guangdong.

Fenghuang Dancong (*Fenghuang* signifiant « phoenix ») : région Guangdong. Liqueur prononcée et fleurie, un bouquet légèrement développé et sucré.

Se Chung (« petite feuille ») : liqueur foncée et au caractère rugueux des éléments premiers.

Formose (actuel Taiwan)

Pouchong (« thé emballé dans du papier ») : méthode chinoise. Oolong très légèrement fermenté. Végétal et sucré. Beau caractère suave.

Tung Ting : méthode chinoise. Profond et brillant. À découvrir.

Fancy : méthode de Formose. Boisé et structuré. Parfum de noisette.

Thés verts

Quelques mots simples sur quelques thés verts pour, malgré un dépaysement gustatif certain, vous donner l'envie d'avoir accès à l'expérience... par vous-même.

La Chine

Gunpowder (« poudre à canon ») : liqueur prononcée, note fleurie, chaleureux au parfum, grande persistance, amertume claire. Particulièrement riche en fluor. Feuilles entières roulées en boule. Région Zhejiang.

Chun Mee (« sourcil précieux ») : peu amer, fin. Long en bouche, parfois arrière-goût rappelant la « cendre de cigarette ». Le préférer quand il est généreux et onctueux, délicat et velouté : *mellow*, *smooth*. Feuilles entières roulées dans le sens de la longueur. Région Jiangxi.

Lung Ching (« puits du dragon ») : arôme d'une douce amertume fraîche et soutenue. Note fleurie quelque peu sucrée. Feuilles entières plates. Région Zhejiang.

Pi Lo Chun (« spirale de jade du printemps ») : liqueur ronde, douce et fleurie. Feuilles entières torsadées. Région Jiangsu.

Le Japon

Régions productrices principales : la moitié sud de l'île Honshu et dans les îles Shikoku et Kyushu : Shizuoka, Kagoshima, Miyazaki, Kyoto, Shiga, Nara, Miya, Uji, Fukuoka...

Première récolte : printemps, produit surtout du Gyokuro et du Sencha.

Deuxième récolte : été, produit surtout du Sencha.

Troisième et quatrième récoltes : fin de l'été/automne, produisent surtout du Bancha.

Gyokuro (« perle de rosée ») : vif, frais, épanoui et rond avec moins d'amertume que le Sencha.

Sencha (« thé infusé ») : grand choix de qualités. Généralement amer avec trace de douceur, tonique et quelquefois puissant.

Bancha : similaire au Sencha mais de qualité inférieure. Plus de calcium, moins de théine.

Hojicha : brun, possède un parfum grillé unique.

Matcha (« poudre de thé ») : thé vert réduit en poudre par une meule, destiné à être battu avec un fouet en bambou et non infusé, selon une tradition datant de la dynastie chinoise Song (960-1279). Infusion amère très caractéristique. Utilisé pour la cérémonie du thé japonaise *(chanoyu)*. Riche en carotène et en vitamines A et D.

De prime abord, le plus dépaysant sera certainement le Matcha (poudre de thé à battre dans l'eau) et le plus fantaisiste le Genmaicha (thé vert mélangé à des grains de maïs et de riz soufflés, spécialité japonaise).

Un thé vert au jasmin (dans un bon thé au jasmin, tous les pétales ont été retirés à la main car il font tourner à l'amertume la liqueur) ou un Natural Leaf (alias Sencha) permettront de s'initier progressivement aux saveurs des thés verts.

À propos des dates de récolte et de récolte de qualité (ce qui n'est pas la même chose), notons que toutes les dates données ici ne sont qu'indicatives. Le thé étant un produit agricole, il est soumis aux variations climatiques, comme le passage des moussons par exemple.

Ainsi on peut assister à des *first crops* au mois de mai. Les plus grandes différences sont certainement celles qui concernent les *flushes* de Darjeeling. Il est rare de trouver les mêmes dates dans deux livres ou dans les paroles de deux planteurs. En effet, outre les conditions climatiques, deux autres critères s'ajoutent à Darjeeling.

Le premier est la combinaison de l'altitude (Darjeeling s'étend entre 150 et plus de 2 000 m d'altitude) et de l'orientation (face sud ou nord par exemple). La chaleur, le froid, l'humidité, la pluie (certains endroits de Darjeeling reçoivent 1 600 mm de pluie par an contre 4 000 mm pour d'autres), diffèrent, ce qui modifie la vitesse de croissance des théiers. Les plantations « d'en haut » connaissent des récoltes plus tardives que les plantations « d'en bas ».

Le second critère est constitué par la prise en compte des *in-between*. La fin d'un *first flush* et le début du *second flush* n'étant pas nets, car nous avons des récoltes *in-between*, il est difficile d'être strict et rigoureux là où la nature ne l'est pas. La nature est d'une autre ponctualité…

Le vocabulaire de dégustation : une langue du thé

Dans ce chapitre je vous convie, avec plaisir, à une promenade dans le vocabulaire de dégustation. Nous ne verrons que la face visible de l'iceberg. Il est en effet inutile d'aborder tous les termes et leur complexité dans le cadre actuel de notre démarche.

En revanche nous profiterons de cette occasion pour aborder quelques points essentiels.

Que représentent ces mots ? Ils ne sont pas des jugements venant sanctionner des réalités objectives. Ce sont des outils.

Soyons bien clairs : l'importance et l'usage que nous faisons de nos outils teintent notre pratique et sont à notre image. Nous rencontrons à ce sujet beaucoup d'attitudes différentes.

L'une, hélas majoritaire et qui n'est pas propre au thé puisque nous la rencontrons dans l'œnologie également, est de méconnaître ses outils. Combien de dégustateurs n'utilisent pas plus de vingt mots (allez… disons vingt-cinq !) et se passent entre eux des listes photocopiées comportant des centaines de termes ! Ils les affichent, à la fois pleins d'admiration et d'incompréhension, comme une reproduction de Picasso, sur un des murs de leur bureau. Il est évident que travailler ces notions demande un effort constant. Au début, on a vite fait de se concentrer sur quelques notions fourre-tout... et d'y rester.

Ce n'est pas parce qu'un jour on s'est tapé sur les doigts avec un marteau que l'on va continuer à enfoncer les clous avec un manche de tournevis. Ne jetez plus vos marteaux par les fenêtres ! Persévérez…

Il y a donc ceux qui n'utilisent que très peu de mots et se trouvent bien ainsi. Le problème, comme nous l'avons vu et comme nous le reverrons, c'est que notre pensée est verbale et que nous ressentons ce que nous sommes capables de nommer. Comment voulez-vous saisir une différence entre âpre, âcre et amer si, durant toute votre vie, ces trois notions se logent dans un seul mot ? Utiliser un vocabulaire riche et libre, loin du *Newspeak* ou *Novlangue* de George Orwell, participe à l'épanouissement de notre conscience et à notre « étendue ».

De plus, l'emploi de ces mots permet de nous sensibiliser, comme un peintre travaillant ses couleurs ou un musicien ses notes, et de traduire ou d'exprimer au mieux notre « ressenti ». Nous l'acceptons alors avec compréhension, et vient cet équilibre primordial à deux plateaux « ressenti/exprimé ». Dans cette œuvre de

« structuration » se dessine alors un chemin qui est, en fait, tout notre travail. Procéder à une dégustation, c'est partager, construire un cheminement, avec nos émotions, notre état général, notre comportement, les parfums, les saveurs, les couleurs, les éclats et, peut-être, quelqu'un qui goûte avec nous.

Une autre attitude est celle appelée la voix d'Hypnos (*cf.* « Parole lumineuse et voix d'Hypnos », p. 133). Elle est parfois le fait de ceux qui n'ont que vingt mots et qui « verrouillent » pour rester maîtres inamovibles de leur petit terrain.

« Terrain » : le mot a été utilisé tout comme celui de chemin. Oui, ce vocabulaire est également un terrain. Un terrain toujours en friche mais aussi, avec de la patience et des efforts (*gongfu*, dirait-on en chinois), toujours fertile. Et, par un pouvoir quelque peu magique, il peut être aussi, sans changer de forme, un labyrinthe où nous marchons… « Où nous errons », diront les pessimistes. Ce labyrinthe n'est pas n'importe quel labyrinthe : il est le nôtre… un certain reflet de nous-mêmes.

Effectivement il y a de quoi entrouvrir la porte, voir ceci puis, paniqué, brutalement la renfermer en laissant tout de l'autre côté et se contenter, jusqu'à la fin de sa vie, de vingt mots… sans jamais se remettre en question.

Ce terrain « s'organise », se cultive, se construit. On y cherche des entrées. On y pose des repères. On y élabore des architectures souples et dynamiques car, à n'en pas douter, dans cette vie nous rencontrerons plus d'un séisme… C'est au contact du feu que l'on s'enflamme. Ce terrain devient une expression de notre style, de nos choix, car il y a des parties que nous préférons cultiver à d'autres, ou autrement. L'essentiel est d'y être heureux et d'y recevoir quelquefois des invités afin de partager un bon repas.

Il m'est arrivé de devoir tout changer, pendant plusieurs mois, car quelques thés sortaient de mon champ qui était, à ce moment, pas assez étendu. Il ne fallut pas alors rajouter quelques mots mais bien bouleverser tout l'équilibre de l'édifice. Ce sont des expériences rudes mais bénéfiques pour sa conscience… et son humilité. Que voulez-vous… il n'y a que ceux qui ne font rien qui ne cassent rien.

Accordons maintenant notre attention à la liste ici présente. Tout n'est pas ici… c'est clair… vous le comprenez bien.

Tous les mots de cette liste sont en anglais, certes, mais n'allez pas croire que la dégustation du thé n'a que les possibilités qu'offre le vocabulaire gustatif d'outre-Manche. « *Thanks God* », diront certains. Beaucoup de notions viennent de Chine, où l'héritage multimillénaire des goûteurs chinois est essentiel, d'Inde également… d'Asie et d'Europe pour généraliser. Ces notions ont été intégrées, assimilées, jusqu'à se fondre souvent si parfaitement qu'elles semblent avoir toujours été là et appartenir au patrimoine universel.

Nous pouvons dire que l'apport des cultures, des langues et des civilisations à ce vocabulaire est en relation avec :

- la richesse en définitions et en nuances qu'offre une langue ;
- une attention culturelle réelle au goût et non uniquement commerciale.

Ce dernier point est important et non évident. Le sens de l'expression « culture gastronomique » se comprend parfois mal dans des endroits où manger ne semble correspondre, dans l'esprit des gens, qu'à une nécessité physiologique. Il faut donc un « terreau », une sensibilisation à la nourriture et à l'aliment. Au-delà de ce point, il faut encore aimer faire les choses pour l'amour du goût sans toujours rechercher une compensation économique. Au-delà de ce point il faut encore savoir donner…

Mon vocabulaire personnel, coloré par la « dégustation française », contient de nombreux mots tirés de notre langue et de nos vues sur l'art du boire et du manger. Ils ne figurent pas dans cette liste.

Comme vous l'avez compris, il est difficile de « lâcher » ainsi, surtout dans un livre d'initiation, une liste de mots. À moins de reproduire une copie non éprouvée et sans commentaires destinés au lecteur, à ses attentes et à son niveau. J'ai donc fait une sélection personnelle. Ces explications ou ces traductions ont été réalisées pour correspondre au cadre de ce livre et à quelques minutes de curiosité. Elles ne sont pas complètement applicables professionnellement. Que les professionnels du goût ne prennent donc pas ceci à la lettre.

J'ai voulu des explications et des traductions spontanées, ludiques, pleines d'« évidences », de « contresens », de « déstabilisateurs », de « hardiesse insolente » et, parfois, d'humour. Un beau et doux chaos. J'ai voulu vous donner un terrain de jeu quelque peu sauvage pour le plaisir de l'habiter le temps d'une promenade… Alors, allons-y !

Aspect des feuilles sèches

Attractive : attrayant : bien roulé, uniforme en couleur, en taille et en texture.

Black : noir : thé qui a fermenté, en opposition avec « thé vert ». Peut aussi simplement décrire la couleur. Parfois un thé de basse altitude (car beaucoup de chlorophylle donne une oxydation plus importante).

Blister : cloque : boursouflures de la feuille causées par une trop rapide suppression de l'humidité.

Bloom : épanouissement : brillant ou lustré.

Bold : hardi-marqué : morceaux de feuilles trop grands pour le grade.

Broken : brisé par l'opération de roulage ou par un *cutter*.

Brown : marron-brun-fauve : décrit une couleur, souvent un thé de haute altitude.

Brownish : brunâtre : tend vers *Brown.*

Case-Hardening : appliqué principalement aux thés de procédé orthodoxe. Mauvaise dessiccation.

Chesty : odeur de résine causée par des caisses utilisant un bois de mauvaise qualité ou trop jeune.

Cheesy : fromageux : odeur causée par une colle de mauvaise qualité utilisée sur les panneaux.

Choppy : (mer) un peu agitée : feuille qui a été réduite par la coupe durant le tamisage ou agitée dans le *cutter* plutôt que dans le *roller.*

Chunky : gros morceau, quignon : *Broken* qui sont « larges ». Désirable lorsque s'applique à des *tips.*

Clean : propre : sans différence importante de taille, sans *stalks* et sans fibres.

Clear : net : homogène.

Coarse : d'apparence grossière.

Common : ordinaire : d'apparence commune.

Crepy : apparence plissée, ondulée, pressée : *Crimped.*

Curly : bouclé : opposé à Wiry.

Cut : coupé, taillé : synonyme de Choppy.

Discoloured Leaf : feuille décolorée.

Dull : terne, ennuyeux : manquant d'éclat.

Dull Tip : opposé à *Bright.*

Dusty : contenant des petites particules indésirables. Exemple : un peu de *Dust* dans un grade à feuilles brisées ou entières, un peu de poussière dans du Dust.

Even : régulier : homogène en taille.

Fibrery : contenant beaucoup de fibres (morceaux de tiges et nervures de la feuille).

Fibrous : contenant beaucoup de fibres (morceaux de tiges et nervures de la feuille).

Flaky : floconneux : plat, ouvert, thé pauvrement fait, structure légère. Pauvre densité.

Flat : plat : ouvert et floconneux.

Golden Tip : contenant des *golden tips*.

Grainy : feuilles bien faites et denses, essentiellement pour CTC.

Grapnutty : CTC qui n'a pas une apparence complètement lisse.

Grey : gris : couleur de la feuille soumise à de trop nombreux tamisages (car abrasion).

Gritty : gravillon : feuilles dures au toucher.

Hairy : chevelu : avec fibres (morceaux de tiges et nervures de la feuille).

Heavy : lourd : dense car feuilles bien roulées.

Irregular : irrégulier : feuilles *Uneven*.

Keep : bonne garde : thé bien manufacturé conservant des caractéristiques propres.

Knobbly : boutonneux : grade de Souchong rond.

Large : grandes feuilles pour les besoins du marché.

Leafy : feuillu : thé contenant des feuilles plus grandes que normalement. Avec *Useful* signifie une taille demandée pour le marché.

Light : léger : feuille ouverte car mal roulée. Peu de densité.

Make : bon style, correspondant à son grade.

Milled : passé au travers du *cutter* ou de la « meule ».

Mixed : exagérément non homogène.

Mushy : thé entreposé ou mis dans un paquet avec trop d'humidité.

Neat : soigné : bonne feuille *(Make)* avec une apparence homogène.

Nose : nez : parfum des feuilles sèches.

Open : ouvert : opposé à *Twisted* ou *Rolled*, feuille ouverte, pas assez roulée.

Pale Tip : *tip* pâle.

Powdery : poudreux : *Dust* très fin, très léger, les particules ont tendance à s'agglomérer.

Pulverised : *Dust* contenant des fibres (morceaux de tiges et nervures de la feuille).

Ragged : chiffonné, chahuté : rugueux, « hirsute » et mixte.

Red : rouge.

Rough : rugueux : irrégulier et pas bien fait, contact rugueux au toucher.

Sandy : contenant du sable.

Shelly : ayant l'apparence d'un coquillage.

Shooty : Souchong bien fait.

Silvery Tip : possédant des *silver tips*.

Small : plus petit que la taille normale.

Spongy : spongieux, plat : floconneux.

Stalky : tigeux : possédant trop de *stalks* (morceaux de tiges). Signe d'une récolte et d'une manufacture peu soigneuses.

Stylish : élégant : apparence supérieure.

Tippy : avec bourgeons, signe de cueillette soigneuse et fine.

Twist : enroulé.

Uneven : non régulier, mauvais tamisage et grade approximatif.

Useful : utile : possédant de bonnes qualités pour être mélangé *(blend)*.

Well Made : bien fait : uniforme en couleur, taille et texture.

Well Twisted : bien roulé.

Whiskery : moustachu : avec quelques fibres.

Wild : sauvage : thé de fin de saison et ayant une apparence rouge.

Wiry : torsadé : feuille entière roulée avec style, thé à feuilles minces.

Feuille infusée

Aroma : arôme : parfum de terroir (c'est-à-dire « d'un caractère intrinsèque »), souvent utilisé pour des thés de haute altitude.

Blackcurrant : cassis : parfum rappelant le cassis, remarqué dans quelques Darjeeling.

Bright : brillant-clair : vivant, opposé à Dull.

Coppery : cuivré : signe de qualité.

Dark : sombre : terne.

Dull : terne-ennuyeux : opposé à *Bright*, manque d'éclat. D'habitude signe d'un thé de médiocre qualité. Peut être causé par un défaut de manufacture ou un pourcentage d'humidité trop élevé.

Even : régulier : couleur homogène.

Green : vert : généralement indésirable pour les thés noirs (sauf pour les *first flush*, les Darjeeling, etc.). Peut être causé par un mauvais *rolling* ou une fermentation insuffisante.

Greenish : verdâtre : peu fermenté.

Irregular : irrégulier : infusion mixte.

Mixed : mixte : plus d'une couleur.

Reddish : rougeâtre : décrit une couleur.

Uneven : opposé à *Even*, variant en couleur.

Liqueur

Alive : vivant : non plat, non fade, vigoureux et mordant.

Aroma : possède un parfum typique d'une région.

Astringent : astringent : mordant, les tissus de la bouche semblent se resserrer, sensation aisément localisable dans la bouche.

Autumnal : goût typique des thés issus de la récolte d'automne.

Baggy : avachi : gâté par la jute ou la toile du sac.

Bakey : cuit : causé par haute température durant la dessiccation. Trop d'humidité a été retirée.

Biscuitty : biscuité : caractéristique plaisante.

Body : charnu : possédant amplitude, largesse et force.

Bouquet : superlatif de *Flavour.*

Brassy : cuivré : goût métallique dû à un flétrissage insuffisant.

Bright : brillant : opposé à *Dull.* Frais, vivant et souriant.

Brisk : vif : opposé à *Flat* ou *Soft.* Mordant, plein de vie.

Burnt : brûlé : sujet à des températures excessives pendant la dessiccation.

Character : qualité désirable qui permet de reconnaître l'origine.

Cheesy : fromageux : odeur/goût causé par une colle inférieure sur les panneaux.

Chesty : odeur/goût de résine causé par les caisses en bois. Peut être causé par une caisse mal doublée.

Clean : propre : manque de caractère mais sans « teinte » ou goût déplaisant.

Coarse : rude : goût déplaisant.

Cold Weather : temps froid : thé produit après les moussons.

Coloured : intensité en couleur.

Coloury : profondeur et intensité en couleur.

Complete : complet : liqueur possédant force, consistance, corps, couleur et maintien.

Contamination : goût étranger au thé : l'huile par exemple.

Coppery : cuivré : goût métallique déplaisant.

Creamy : crémeux : précipité obtenu après refroidissement. Dénote une certaine qualité.

Croppy : récoltant : éclatant et crémeux avec caractère.

Dry : sec : sensation dénotant une dessiccation légèrement trop forte.

Dull : terne, ennuyeux : ni net ni éclatant, manquant de vie et de mordant.

Earthy : terreux : goût dû à un stockage effectué dans des conditions humides ou quelquefois goût provenant de conditions climatiques inhérentes au terroir.

Empty : vide : manque de densité et de substance.

Fine : qualité et flaveur exceptionnelles.

Flat : plat : manque de vie, manque de mordant, manque de fraîcheur.

Flavoury : savoureux. L'excellence d'un *Character.*

Fleshy : charnu : possède corps et densité.

Fruity : fruité : goût dû à une trop longue fermentation ou à une contamination bactérielle après la dessiccation. Ici a un sens négatif.

Full : plein : possédant couleur, force et substance.

Fully Fired : correspond à un niveau particulier de dessiccation trop vive.

Geranium : réminiscence des parfums de géranium trouvée dans certains Darjeeling.

Golden : doré : infusion particulièrement dorée et lumineuse.

Gone Off : partir, s'en aller : a passé le temps de son excellence.

Grassy : herbeux : thé insuffisamment fermenté.

Green/Greenish : vert/verdâtre : *first flush* précoce.

Hard : force pénétrante et désirable.

Harsh : sévère, discordant, criard : thé immature, rude. Souvent causé par un flétrissage insuffisant.

Harshness : caractéristique de matière première. Ici négatif *(cf. Harsh).*

Hay Flavour : saveur de foin : une caractéristique qui souvent précède l'*Autumn Flavour.*

Heavy : lourd : épaisseur, quelquefois force, coloré mais peu de mordant.

High Fired : correspond à un niveau particulier de dessiccation trop vive.

Hungry : affamé : liqueur manquant de caractère.

Insipid : insipide : fade.

Jammy : confitureux : flaveur qui tient de la fraise.

Lacking : manquant : goût propre sans caractéristiques manifestes. Neutre. Peut également être sans corps.

Light : léger : manque de profondeur dans la couleur et de force.

Malted : malté : rappelant le malt. Souvent propre aux liqueurs pleines et éclatantes.

Malty : caractère désirable.

Mature : ni amer ni plat.

Mellow : velouté : bonne maturation, opposé à *Raw*.

Metallic : métallique : goût métallique amer, note cuivrée aiguë.

Minty : flaveur quelque peu mentholée.

Mouldy : moisi : suspicion de moisissure, thé abîmé par l'humidité.

Muddy : boueux : une liqueur terne, ennuyeuse et opaque.

Mushy : trempé, suspicion de moisissure.

Muscatel : réminiscence de muscat : caractéristique trouvée dans des Darjeeling exceptionnels.

New : nouveau : qui n'a pas eu assez de temps pour devenir moelleux.

Nose : nez : parfumé.

Old : vieux : voir *Flat*.

Ordinary : propre mais ordinaire.

Out of Condition : hors condition.

Overdone : exagérément cuit : correspond à un niveau particulier de dessiccation trop vive.

Pale : pâle : manquant de couleur, excepté pour les thés verts.

Papery : goût teinté par le papier.

Peachy : pêcheux : flaveur de certains Darjeeling.

Pinky : plus rose et délicat que coloré.

Plain : commun : opposé à *Flavoury*.

Point : éclat et acidité idéaux accompagnés de caractéristiques pénétrantes.

Pointy : pointant : ayant un bon Point.

Pre-Autumnal : thé pré-automnale.

Pungent : aigu, mordant : idéale combinaison de mordant, de force et d'éclat.

Quality : qualité : présence d'une saveur de terroir ou/et des essentielles caractéristiques d'un bon thé.

Rains/Rainy : pluies/pluvieux : thé produit pendant la mousson.

Raw : immature, amertume déplaisante.

Raspberry : fraise : flaveur rappelant la fraise.

Rasping : grinçant : une liqueur très grossière et discordante.

Red : rouge.

Rich : généreux : liqueur moelleuse abondante en qualité et épaisseur.

Ripe : mûr : sujet à une pleine fermentation.

Round : rond : velouté, plein.

Scorched : associé avec la sécheresse.

Self-Drinking : se buvant de lui-même : buvable ainsi, ne nécessitant pas de *blend*.

Slatey : décrit une couleur.

Smoky : fumé.

Smooth : moelleux, onctueux.

Soft : mou : opposé à Brisk.

Soggy : trempé : liqueur terne et lourde.

Spicy : épicé : caractère suggérant les épices.

Stale : rassis, éventé, renfermé.

Stewed/Stewy : cuit à la casserole : dessiccation incorrecte (basse température ou manque d'air). Liqueur molle manquant de Point.

Strength/Strong : fort : liqueur ayant de la substance.

Sweaty : moite, transpirant : goût indésirable.

Sweet : doux, voire « sucré ».

Taint : avec des caractéristiques étrangères au thé.

Thick : épais : opposé à Thin, bonne couleur et force.

Thin : maigre : manque de corps et de caractéristiques souhaitables.

Tinny : boîteux : a pris le goût de la boîte.

Tired : fatigué : plat car trop vieux.

Toasty : causé par une dessiccation trop vive.

Unsound : teinté négativement ou dont les caractéristiques manquent.

Washy : lavé : une liqueur diluée, de peu de valeur.

Weak : faible.

Weathery : tempéré : goût déplaisant provenant de certains thés de la saison des pluies.

Weedy : mauvaise herbe : rappelant le chou. Mauvais flétrissage.

Wild : sauvage : thé automnal ayant passé le temps de leur « essentiel ».

Winey : vineux : trop fermenté sous des conditions stériles.

Woody : qui a pris le goût du bois. Ici négatif, à ne pas confondre avec boisé.

Voyez comme ce sujet demande beaucoup d'attention et de commentaires. Un livre entier serait loin d'épuiser le sujet. Voyez aussi comme il est également important d'« accompagner » le lecteur face au vocabulaire de dégustation. Nous en reparlerons un peu plus loin en abordant d'autres aspects.

Les jardins

Comme nous l'avons vu, il est souhaitable (pour les thés de Ceylan, de Darjeeling et d'Assam par exemple) de rechercher les jardins.

Voici donc une liste, mais sachez que tous les jardins ne sont pas là. La région d'Assam, par exemple, en compte un peu plus de deux mille. Et quid des autres régions : Kenya, Malawi, Java, Sumatra, Argentine, Brésil, Zimbabwe, Congo, Tanzanie, île Maurice, Bhoutan, Bangladesh, Iran, Corée, Rwanda, Taiwan, Ouganda, Géorgie, Thaïlande, Turquie, Mozambique, Birmanie, Australie, Malaisie, Burundi, Viêt-nam... ? De plus, il serait vraiment étonnant que vous rencontriez tous ces noms sur le marché. Cette liste est juste ici afin de vous familiariser un peu avec quelques noms et de vous donner une meilleure idée du « monde des jardins ».

Difficile également de donner des informations quant à la qualité de tel ou tel jardin. Tout comme pour les vins, la qualité de ces jardins est, de récolte en récolte, très variable. Des aléas climatiques, une erreur agricole, un changement de direction, etc. peuvent « détruire » un jardin de qualité. Et ces variations sont d'autant plus grandes qu'il existe plusieurs récoltes par an. C'est au cas par cas.

Avis aux « découvreurs de jardins »...

Vous l'avez compris, l'esprit de ce livre n'est pas de donner l'illusion de maîtriser par l'appropriation de connaissances théoriques mais bien plutôt de sensibiliser et de donner le goût de découvrir, de faire usage de sa liberté et d'avoir ainsi une histoire personnelle affective avec le monde des jardins que vous connaîtrez peu à peu.

Toutefois, reconnaissez qu'il est difficile de donner des listes en laissant la part belle, tel un explorateur, à la découverte. J'ai donc pensé vous donner quelques informations ponctuelles : pas assez pour s'en satisfaire (les non-motivés se décourageront) mais assez pour guider vos premiers pas.

Voici les dernières recommandations avant de vous engager sur ce jeu de pistes…

Ceylan

Voici quelques districts producteurs de Ceylan : Dimbula (1 200-2 000 m), Uva (600-1 600 m), Nuwara Eliya (high et medium growns), Uda Pussellawa (1 250-1 800 m), Pussellawa, Dickoya (800-1 800 m), Badulla, Ratnapura (medium et low growns), Kelani Valley, Matara (30-400 m, low grown), Matale (medium et low growns), Kegalle (medium et low growns), Galle (low grown), Kandy (high, medium et low growns), Kelebokka, Knuckles, Monaragala (low grown), Rangala, Pundaloya, Kalutara (low grown), Morawak Korale, Dolosbage, Balangoda, Rakwana, Madulsima, Passara, Colombo (low grown)… Un peu trop complexe pour un début, non ?

J'ai donc partagé les jardins en cinq groupes :

- Ouest : principalement incarné par Dimbula… et la mousson de juin à septembre ;
- Est : principalement incarné par Uva et Uda Pusselawa… et la mousson de décembre à mars ;
- Nuwara Eliya : les thés de très haute altitude… et peu touchés par les moussons ;
- Galle : afin d'aider (mais si peu), avec un peu d'humour, les « découvreurs de jardins » en leur donnant quelques jardins déjà situés ;

- divers : pour les « découvreurs de jardins » qui veulent mener leur propre quête.

Darjeeling

Vous trouverez quelquefois des renseignements sur certains jardins de Darjeeling : la race des théiers et le district.

Le district : il existe sept grands districts : Darjeeling Est (DJE), Darjeeling Ouest (DJO), Kurseong Nord (KN), Kurseong Sud (KS), Mirik (M), Rungbong (R), Teesta Valley (TV).

La race des théiers : pour simplifier nous dirons qu'il existe deux types principaux de théiers dans ces plantations :

- les théiers de race chinoise *(Camellia sinensis var. sinensis)*, à petites feuilles, donnant des liqueurs très aromatiques. Ces théiers résistant au froid, ils sont idéaux pour les plantations de climat froid ou de haute altitude ;
- les théiers de race indienne *(Camellia sinensis var. assamica)*, à grandes feuilles, donnant des liqueurs puissantes et à corps. Ces théiers résistant aux fortes pluies et aux moussons, ils sont idéaux pour les plaines.

Il existe également des théiers de race cambodgienne et beaucoup d'hybrides, de clones (« propagation végétative » : théiers obtenus par bouturage après sélection de l'arbre mère)... et des théiers types (il en reste de moins en moins). Mais ceci vous donnera une bonne approche.

Il est dit que les théiers de race indienne à Darjeeling donnent un meilleur *first flush* car lui confèrent cette note verte si caractéristique.

Il est dit également que les théiers de race chinoise à Darjeeling donnent un meilleur *second flush* car lui confèrent cette note fruitée, voire de muscat, si recherchée.

À vous de le vérifier et de noter si cela correspond à votre goût et à ce que vous attendez d'un *first* ou d'un *second flush*.

Comment faire alors ? Quelquefois nous trouverons à côté du nom du jardin des chiffres entre parenthèses :

- le premier correspond au pourcentage de théiers chinois ;
- le deuxième correspond au pourcentage de théiers indiens ;
- le troisième correspond au pourcentage d'hybrides ou de clones (pour ne pas noyer le lecteur sous trop de détails, la distinction entre clones ou hybrides à dominante chinoise ou à dominante indienne n'a pas été faite).

Ces chiffres sont continuellement modifiés car, comme la plupart des théiers de Darjeeling ont bien plus de cent ans, chaque année les planteurs procèdent à un renouvellement d'une partie de leur jardin – renouvellement généralement effectué au profit de clones ou d'hybrides issus de savants croisements ou manipulations.

Quoi qu'il en soit, ces chiffres peuvent vous donner de bonnes clefs pour vous initier à la magie de Darjeeling, pour comparer les jardins, les récoltes. Et, puisque toute réelle dégustation nécessite liberté et respect, ce sera donc à vous, patiemment et avec amour, de découvrir vos jardins.

Et n'oubliez pas : « Parlam pr'amor tastar… »

Inde

Assam

Arun – Attareekhat – Achabam – Addabarrie – Aidaupukhuri – Amgoorie – Ananda – Anandabag – Anandabari – Attabarrie – Baghjan – Bagrodia – Bahadur – Balijan North – Bamonpookrie – Bargang – Basmatia – Bazaloni – Beesakopie – Bahipookri – Bateli

– Belseri – Bhergaon – Bhooteachang – Borengajuli – Budlapara – Behali – Beheating – Behora – Behubor – Bemolapur – Betjan – Bezborooah – Bhuyankhat – Bochapatar – Bogapani – Bogidhola – Boisahabi – Bokahola – Bokakhat – Bokel – Boloma – Borahi – Borbam – Borborooah – Bordubi – Borhat – Borholla – Borjan – Borjuli – Bormahjan – Boroi – Borpatra – Borsapori – Borsillah – Bortimon – Bosabari – Bukhial – Chandmari – Chenijan – Cherideo – Chota Tingrai – Chubwa – Cinnamara – Cinnatolliah – Chikonmati – Corramore – Dahingeapar – Daisajan – Dalowjan – Deamoolie – Dekiajuli – Deepling – Dehing – Dejoo – Dekhari – Dekorai – Deohall – Desam – Dessoie – Dhelakhat – Dhendai – Dhoedaam – Dhoolie – Dhulapadung – Dhullie – Diffloo – Digulturrung – Dikom – Diksam – Dilli – Dimakusi – Dinjan – Dinjoye – Dirai – Dirial – Dirok – Dolaguri – Doolahat – Doomur Dullong – Dooria – Doyang – Duamara – Dubba – Dufflaghur – Duflating – Duklingia – Durgapur – Durrung – Ethelwold – Gangabari – Gatoonga – Gelakey – Ghillidary – Ghoirallie – Ghorajan – Gillapukri – Gingia – Gohpur – Golaghat – Goneshbari – Gorunga – Govindapur – Greenwood – Hajua – Halem – Halmari – Halmira – Halmiramookh – Hapjan – Hapjan Purbat – Harchurah – Harishpur – Harmutty – Haroocharai – Hathikuli – Hatimara – Hattialli – Hazelbank – Heeleakah – Hingarajan – Hokonguri – Hollonghabi – Hoolungooree – Hunwal – Hattigor – Hoograjuli – ltakhooli- Jaboka – Jaipur – Jalannagar South – Jamguri – Jamirah – Joonktollee – Jutlibari – Kacharigaon – Kakajan – Kakadonga – Kanu – Kathoni – Kenduguri – Kettela – Keyhung – Khagorijan – Kharikhatia – Kharjan – Khatangpani – Khobong – Khongea – Khowang – Koilamari – Kolony – Koomsong – Koomtai B – Kopati – Korangani – Kotalgoorie – Krishnabehari – Lahoalbari – Lamabari – Langharjan – Lattakoojan – Ledo – Lengrai – Lepetkatta – Limbuguri – Lukwah – Madarkhat – Madhuban – Madoorie – Mahadeobari – Mahakali – Mahaluxmi – Maijan – Majuli – Majulighur – Mancotta – Mangalam – Manjushree – Manohari – Marangi

– Margherita – Maskara – Maud – Mazbat – Meleng – Methoni – Mijicajan – Moheema – Mohokutie – Mohunbaree – Mokalbari – Mokalbari East – Mokrung – Monabarie – Monkhooshi – Moran – Murphulani – Muttrapore – Muttuck – Naganijan – Nahorbari – Nahor Habi – Nahorkutia – Nahorani – Nahortoli – Nalani – Namdang – Namroop – Namsang- Napuk – Narayanpur – Negheriting – New Purupbari – Nilmoni – Nilpur – Nokhroy – Nonoipara – Nudwa – Numalighur – Nya Gogra – Orang – Orangajuli – Ouphulia – Pabhoi – Padumani – Panbari et Borcholla – Paneery – Panitola – Parbatipur – Parsuram – Pengaree – Pertabghur – Phillobari – Phulbari – Pipratoly – Powai – Raidang D – Rajah Ali – Rajgarh – Rajmai – Ratanpur – Romai – Rungagora J – Rungagora – Rungajaun – Rungliting – Rupai – Rupajuli – Salkathoni – Samdang – Sankar – Santi – Sarojini – Satyanarayan – Seajuli – Sealkotee – Seleng – Sepon – Sessa – Shakomato – Silonibari – Singlijan – Sockieting – Sonabheel – Sonajuli – Sonarie – Soraipani – Sree Krishna – Sree Sibbari – Suffry – Sundarpur – Sycotta – Sapoi – Tinkharia – Tongani – Tulip – Talup – Tara – Tarajan – Tarajulie – Teen Ali – Teloijan – Teok – Tezpore et Gogra – Thanai – Thowra – Timon Habi – Tingalibam – Tiok – Tippuk – Tirual – Tonganagaon – Towkok – Tyroon – Udalguri – Umatara – Zaloni.

Dooars

Aibheel – Ambari – Atiabari – Badribag – Bagracote – Baintgoorie – Bamandanga – Banarhat – Baradighi – Batabari – Beech – Bharnobari – Bhatkawa – Binaguri – Birpara – Bundapani – Carron – Central Dooars – Chalouni – Chengmari – Chinchula – Choonabhutti – Chuapara – Chulsa – Cooch Behar – Dalgaon – Dalmore – Dalsingpara – Dam Dim – Danguajhar – Debpara – Dheklapara – Diana – Dima – Dumchipara – Gairkhata – Gandrapara – Garganda – Ghatia – Good Hope – Gopaljur – Gurjangjhora – Hantapara – Hope – Huldibari – Indong – Jadavpur – Jainti – Jaybirpara – Jiti –

Joges Chandra – Joteswar – Kadambini – Kalabari Rangati – Kalchini – Karballa – Kartick – Katalguri – Killcott – Kohinoor – Kumargram – Kumlai – Kurti – Lakhipara – Lankapara – Leesh River – Looksan – Madhu – Majherdabri – Manabarie – Matelli – Mathura – Mechpara – Meenglas – Moraghat – Mujnai – Nagaisuree – Nagrakata – Nangdala – Nedam – New Dooars – New Gleencoe – Nowera Nuddy – Nya Sylee – Oodlabari – Phaskawa – Pillanshat – Radharani – Rahimpur – Raimatang – Raipur – Rajahbhat – Ramjhora – Rungamutte – Rydak – Samsing – Sankos – Singhania – Srinathpur – Subhasini – Sylee – Tasati – Telepara – Toorsa – Turturi – Washabarie – Zurrantee.

Cachar

Arcuttipore – Bicrampore – Binnakandy – Craigpark – New Jatinga Valley – Pallorbund- Poloi – Rampore – Sephinjuri – Silcoorie – West Jalinga.

Terai

Ashapur – Atal – Azamabad – Bagdogra – Bijoynagar – Chandmani – Fulbari – Fulbari Patan – Gayaganga – Gulma – Gungaram – Kamala – Marionbari – Matidhar – Matigara – New Chumta – Nischintapur – Nuxalbari – Pahargoomiah – Sahabad – Sannyasithan – Sayedabad – Simulbarie – Singhia Jhora – Taipoo – Tirrihannah.

Tripura

Adarini – Fatikcherra – Golokpur – Gopalnagar – Halaicherra – Harishnagar – Kalyanpur – Luxmilonga – Mahabir – Mohonpur – Mekhlipara – Ramdurlabpur – Sova – Sunamukhi – Tufanialonga.

Uttar Pradesh

Arcadia.

Himachal Pradesh

Manjhi Valley.

Darjeeling

Ambiok/Hillton (TV) – Ambootia (65/25/10)(KN) – Arya – Badamtam (25/65/10)(DJO) – Balasun (60/40)(KN) – Bannockburn (80/10/10)(DJO) – Barnesbeg (DJO) – Bloomfield – Castleton (70/30)(KS) – Chamling – Chamong (40/60)(R) – Chongtong – Chongtong (Sirisi) (40/60)(DJE) – Chongtong (Upper) – Dilaram (KN) – Dooteriah (Upper) (67/33)(DJE) – Giddapahar – Gielle (70/15/15)(TV) – Ging (DJO) – Glenburn (57/40/3)(TV) – Goomtee (70/20/10)(KS) – Gopaldhara (M) – Gyabaree LAK – Gyabaree LAK (Upper) – Happy Valley – Hillton – Humbusty – Jogamaya (KS) – Jungpana (65/35)(KS) – Jungpana (Upper) – Kalej Valley (Upper) (55/45)(DJE) – Lingia (98/2)(DJE) – Longview (50/50)(KS) – Longview (East) – Longview (West) – Makaibari (70/10/10)(KS) – Margaret's Hope (KN) – Marybong (DJE) – Mim (60/40)(DJE) – Mission Hill (TV) – Mohan Majhua – Moondakotee (KN) – Monteviot (KS) – Nagri (R) – Nagri Farm (65/35)(R) – Namring (40/60)(TV) – Namring (Upper) – North Tukvar – Nurbong – Oaks (KN) – Okayti (70/20/10) – Orange Valley (DJE) – Pandam (DJO) – Pashok (Upper) – Phoobsering (DJO) – Phuguri (M) – Poobong (DJE) – Potong – Pussimbig (60/20/20)(DJE) – Rangaroon (DJO) – Ringtong (KN) – Ringtong (Upper) – Risheehat (65/35)(DJE) – Runglee Rungliot – Rungmook (DJE) – Samabeong – Seeyok (M) – Selimbong (85/15)(R) – Singbulli (70/30)(M) – Singell (KN) – Singell (Upper) – Singtom (50/50)(DJO) – Soom – Soureni (M) –

Springside (KN) – Steinthal (50/50)(DJO) – Sungma (47/53)(R) – Teesta Valley (60/40)(TV) – Thurbo (60/40)(M) – Tindharia (KS) – Toongsong Dooteriah – Tukdah (30)(TV) – Tukvar (Puttabong) (60/40)(DJO) – Tumsong (DJE) – Vah Tukvar (DJO).

Bangladesh

Balisera – Baraoora – Chatlapore – Deanston – Etah – Lungla – Mazdehee – Nalua – Rajghat – Rajkie – Rasidpur – Shumshernugger – Silloah.

Népal

Fikkal Ilam – Kanyam – Ilam – Maloom.

Ceylan

Ouest

Adam's Peak – Albion Group – Alton – Balmoral – Bambrakelly – Beaumont Group – Bearwell – Bogahawatte – Braemore – Brownlow – Brunswick – Calsay/Maha Eliya – Christler's Farm – Clarendon – Craigie Lea – Dartry – Deeside – Delta – Derryclare – Dessford – Dimbula – Diyagama East – Diyagama West – Diyanilakelle – Drayton – Edinburgh – Eildon Hall – Fairlawn – Ferham – Fernland – Gartmore Group – Glasgow – Glassaugh – Glentilt – Gouravilla – Great Western – Hapugastenne (Oakdale) – Harrington – Hauteville Group – Hellbodde – Henfold – Kaloogalla – Kelaneiya et Braemar – Kelliewatte (Nado Totem) – Laxapana – Lippakelle Group – Logie State Plantation – Luccombe – Mahavilla

– Maskeliya – Mattakelle – Mayfield Group – Melfort – Melton – Mocha – Moray – Mount Vernon – Mousakellie – Nayapane – New Peacok Group – New Portmere – North Meddecoombra – Ouvahkellie – Palmerston State – Pettiagalla – Powysland – Queensland – Radella State Plantation – Rahanwatte – Rothschild – Saint Clair State – Saint Coombs – Sanquhar – Sogama – Somerset State Plantation – South Meddecoombra – Stellenberg – Stonycliff Group – Storefield – Strathspey Group – Talankande – Talawakelle – Tangakelle – Tembiligalla – Theberton Group – Tillicoultry – Torrington – Troup – Uda Radella – Waltrim Group – Watte Gode – Waverley – Wooton – Yarrow – Ythanside.

Est

Adawatte – Aislaby – Allagolla (Mansfield) – Ambagasdowa – Attempettia – Bandara Eliya – Battawatte – Beauvais – Blairlomond – Bombagalla Uva – Brookside Group – Cannavarrella Group – Chelsea – Craig – Craigforest – Cullen – Dambatenne Group – Dammeria Group – Delmar – Demodera Group – Dickwella – Downside – Dyraaba – Ellawella – El Teb – Gallola – Gampaha – Glen Alpine Group – Glenanore – Glenshee Uva – Gonakelle Group – Gonamotava – Gordon – Gowaerakelle – Halpewatte – Hindagalla – Hapugahawatte – Haputale – Hopton Group – Hugoland – Idulgashena – Kahagalla – Kaloogala – Kandahena Group – Keenakelle (Meerakelle) – Kinellan – Kirklees – Koslanda – Leangawella – Ledgerwatte Group – Liddesdale Group – Luckyland – Macaldeniya – Mahadowa – Mahakande – Maha Uva – Nahavilla – Nayabedde – Needwood – Neluwa – Newburgh – Ohiya – Oodoowerre – Passara Group – Pingarawa – Pitaratmalie – Poonagalla – Queenstown Group – Ragalla Group – Roeberry Group – Rookatenne – Saint James – Saint Leonard's Estates – Sarnia Group – Shawlands – Spring Valley – Telbedde – Thotulagalla – Udaveria – Ury Group

– Uva Highlands – Uvakelle – Uva Ketawella – Verellapatana – Waldemar Group – Wevekellie – Wewesse – Yapame.

Nuwara Eliya

Nuwara Eliya State – Oliphant – Pedro Group.

Galle

Allen Valley – Berubeula – Devonia – Galaboda.

Divers

Adisham – Alakolla – Alma – Arratenne – Campion – Carolina – Clydesdale – Cold Stream – Craighead – Darrawella – Debedde – Demodera S – Dotel Oya – East Fassifern – Elbedde – Florence – Galamuduna – Glenloch – Goomera – Hagalla – Hantane – Kandapola – Kataboola – Kenilworth – Kirkoswald – Knuckles Group – Labookellie – Le Vallon – Lethenty – Mahagastotte – Malwatta – Mooloya – Monte Cristo – Queensberry – Ratmalie – Ratwatta – Rilagala – Rosita – Saint John's Hill – Sam Bodhi – Serendib – Stockholm – Strathdon – Sumtravalle – Talangaha – Tymawr – Udugama – Vellai Oya – Warwick – Weddemulla Group – Wellandura.

Le prix d'un thé

Un écrivain anglais écrivait que de nos jours les gens connaissaient le prix de tout et la valeur de rien. Mais comme ce n'est pas votre cas, vous qui connaissez la valeur du thé et non son prix, voici quelques idées qu'il est toujours bon d'avoir en tête lors de l'achat.

Combien coûte mon thé ?

Faire un thé nécessite, en règle générale, 2 (ou 2,5) g par tasse. Autrement dit, un thé de bonne qualité, acheté en vrac, à 100 francs les 100 g (1 000 francs le kilo), ne vous coûtera que 2 francs la tasse.

Imaginons maintenant un thé bu dans un café *(sic)*. La consommation vous est facturée 15 francs et on vous sert un sachet (donc 2 g de thé) de basse qualité avec de l'eau chaude. Cela fait le kilo de thé à 7 500 francs ! C'est-à-dire, bien souvent, plus de 600 fois son prix d'achat. C'est sur les thés les moins chers et de plus médiocre qualité que les marges bénéficiaires sont les plus grandes.

Un thé très cher n'est pas toujours très bon.

Certains vendeurs achètent sans goûter la qualité du thé (ou sans être capables de l'apprécier). Ils vont donc acheter des thés provenant de jardins réputés. Malheureusement, comme nous l'avons vu, la qualité d'un jardin n'est jamais acquise, et certains jardins continuent de vivre quelque temps sur leur réputation… et sur le manque de compétence des vendeurs de détail.

De plus, un jardin produit différentes récoltes par an et il est capable de fournir quelques centaines de kilos de thé excellent et quelques tonnes de thé moyen. Le nom du jardin ne suffit donc pas, il faut aussi mentionner le grade et, si possible, la récolte.

Entre un haut de gamme à 210 francs (les 100 g) et un thé, dans la même catégorie, à 70 francs, le premier est trois fois plus cher mais il n'est pas forcément trois fois meilleur. Le prix peut monter plus vite que la qualité.

En France, le thé ayant une image de luxe, on peut être tenté de monter, un peu artificiellement, le prix du thé le plus haut de gamme afin de « tirer toute la gamme vers le haut ». C'est à tort alors que l'on pense que le prix est égal à la valeur.

Également, certains thés très exotiques, peu fréquents sur le marché ou d'un type très particulier, peuvent se vendre cher ici alors qu'ils sont en réalité de qualité moyenne (les exemples ne manquent pas). Si la qualité est bien souvent rare, la rareté n'est pas toujours synonyme de qualité.

À propos des pays producteurs : si un jour vous êtes dans un pays théier, inutile d'acheter du thé de consommation locale (ou, pire, pour touristes). Car il arrive la même histoire au thé qu'au cognac : le meilleur va à l'exportation...

Un thé très peu cher peut être très mauvais.

Il n'y a pas de miracle : un thé très peu cher a peu de chances d'être très bon.

Un thé peu cher peut être bon.

On peut préférer un thé qui partage, honnêtement et humblement, ce qu'il a plutôt qu'un thé qui ne donne pas ce qu'il promet.

Il y a dans les thés ce que l'on peut appeler des thés d'*ouvrage*, des thés de *structure* et des thés d'*affilage*.

Ils possèdent, évidemment, tous ces trois éléments mais cela signifie que, pour nous, les *thés d'ouvrage* ont plus leur intérêt dans ce que représente la préparation, dans le rapport d'élaboration tenu entre le thé et l'homme. Cela est le cas par exemple pour des thés de cérémonie, issus de préparation traditionnelle (exemple : thé vert au jasmin, thé vert à la menthe, Matcha, etc.) ou de consommation courante dans les pays pratiquant le thé (que certains appellent péjorativement « thé de base » – mais qu'a de péjoratif la base d'une montagne ou de l'eau courante ?).

Les *thés de structure* nous intéressent par la « manière » dont, au niveau des saveurs, ils sont construits. Ce sont des thés présents, dont la force, l'énergie, est dans leur constitution (exemple : Yunnan, Assam, etc.).

Les *thés d'affilage* sont des tendances (« tendre vers »), des essais, des évocations. Ils ont un dessein (exemple : Darjeeling, Nuwara Eliya, etc.).

C'est très schématique, et n'échappe pas à la misère des classifications, mais cela permet de comprendre que, dans les thés d'ouvrage (lorsqu'ils sont de traditions populaires) et de structure, on peut trouver des thés intéressants à prix modéré. Les thés d'affilage nécessitent souvent un prix plus élevé.

Bien sûr, il est clair qu'un Yunnan à 100 francs sera meilleur qu'un Yunnan à 20 francs. Mais comme son intérêt, pour nous, est dans sa structure, on la rencontre même à 20 francs. Elle sera moins affinée qu'à 100 francs, elle sera plus brumeuse, mais elle sera là. Alors qu'en dessous d'un certain prix, pour un thé d'affilage, ce que l'on recherche peut ne pas être là : le *muscatel flavour* des Darjeeling, l'éclair de jasmin des Nuwara Eliya, etc.

Un thé très cher peut être très bon.

Cela se comprend et ne nécessite pas vraiment d'explication. Il faut dire, dans un pays vinicole comme la France, qu'acheter un bon thé c'est comme acheter un bon vin. À la différence que 100 g vous feront cinquante tasses (et pour un prix par tasse qui reste raisonnable), alors qu'une fois la bouteille ouverte…

Dans le commerce du thé, il n'y a pas de surplus. Toute la production trouve des acheteurs. Alors, la concurrence étant rude, il faut savoir mettre le prix pour ramener, avec soi, les quelques caisses (ou les 100 g) de thé « magique ».

Quoi qu'il en soit, et quel que soit votre choix, n'oubliez pas que le goût de votre thé dépend beaucoup aussi, en dehors de son prix, de votre geste.

Pour l'instant...

Pour l'instant, avec les quelques informations pratiques de cet usuel, vous voici prêt à faire un thé, à faire votre thé.

Il ne vous en faut pas plus pour que votre histoire du thé commence maintenant.

Il n'y a pas d'autre vérité que celle de la pratique. C'est sur elle que devront porter vos efforts.

Appréciez, sans formalité, ce qui suit, et qui n'est ni une sentence ni une définition mais juste une illustration : « À la lumière de la pratique, préparer le thé est un acte de révélation, le boire c'est accueillir l'alliance, le « pendant » est un état de sublimation. Soyons-en reconnaissants, nous témoignons. Partageons-le, nous semons. »

Pour l'instant, et à l'instant, soyez libéré et attentif.

LIVRE SECOND

Le sourire du thé

Première partie
Le goût, les sens et l'esprit

Une genèse

Je voudrais ici me faire l'écho d'une légende, d'une courte histoire symbolique.

Elle attribue à la lumière l'origine de tout, la base. Sans lumière il n'y aurait rien. Mais la lumière en elle-même ne crée rien. Elle est trop brute, première, primitive. Elle crée dans la mesure où elle permet le rythme. Le rythme qui n'est rien d'autre qu'inspiration et respiration. Elle lui sert de base, sans elle il ne pourrait pas être. Enfin, posé, c'est le rythme qui crée tout : l'espace, le temps, les sentiments.

Voilà la substance de cette genèse. Tout au long de notre travail nous l'aurons en tête car elle possède beaucoup de clefs nécessaires à notre prise de conscience. Il ne s'agit pas de la confirmer ou de l'infirmer selon sa valeur scientifique, nos références spirituelles ou notre humeur du jour. C'est une petite histoire soufflée à l'oreille. Rien d'autre.

Mais ayons en mémoire cet enchaînement des choses : lumière base du rythme et rythme créateur de l'espace, du temps et des sentiments. Nous verrons ensuite comment, dans notre réalité personnelle, cette genèse peut nous sensibiliser aux chemins de la perception. Perception de soi, perception du monde, perception de notre position…

(Calcutta)

Le don de l'eau

Un de nos plus beaux gestes est celui d'offrir de l'eau. Sa signification et son expérience sont gravées en nous depuis des millions d'années. L'eau qui est source de vie, condition *sine qua non* pour vivre, est pourtant très difficile à obtenir. Elle est un grand problème pour les hommes depuis fort longtemps. L'eau qui, par nécessité, réunit autour du même étang prédateurs et proies ou qui oblige les hommes à demeurer dans des régions marécageuses infestées de maladies…

L'homme qui l'offre signifie qu'il veille à la vie de l'autre et, la prenant sur ses réserves, la considère comme la sienne.

L'homme qui accepte l'eau lui fait confiance, rejette la suspicion d'un empoisonnement volontaire ou non. « Tu as choisi cette eau, je crois en ton acte. »

Le thé est une boisson qui naît de l'eau et ne la dénature pas. Il la purifie de ses bactéries grâce à son ébullition. Bien entendu l'importance de l'eau dans l'infusion n'échappe à personne, et bon nombre de Maîtres de thé ont fini (ou commencé) leur vie à rechercher la source parfaite, quête spirituelle. Bien que le thé présente des aspects incroyablement variés, on peut dire, souvent, qu'il ajoute à l'eau des saveurs végétales, florales, de matières premières (terre, bois...), comme l'eau d'une rivière ayant passé sur un tapis de mousse ou surgissant du sol. Et sa luminosité est semblable à un reflet solaire ou lunaire.

Les hommes du Sahara, qui connaissent si bien le prix de l'eau, ont ritualisé le thé. La loi de l'hospitalité du désert s'exprime non par le don de l'eau, qui est un fait, mais par celui du thé, qui est un symbole...

Le thé, eau spirituelle et sensuelle, cette boisson si simple, la plus bue au monde après l'eau, et si peu chère. Ajouter un peu de thé à l'eau, c'est comme cuire les aliments ou utiliser des épices. C'est ce qui fait de la survie une vie : c'est l'indispensable rose. C'est un art premier par ordre de simplicité et de puissance. Cela fonde une humanité.

(À la recherche d'une source)

Trois phrases et quelques questions

Aux détours de quelques pages j'ai trouvé trois phrases que j'aimerais partager avec vous :

« Ce que je vois et ce que j'entends du monde extérieur, c'est simplement ce que mes sens en extraient pour éclairer ma conduite. »

« Notre psychisme est lié à l'utilisation des messages de nos sens, il est à la base d'images cérébrales, y compris les images verbales du langage intérieur. »

« Ce que nous apprenons du monde, nous l'apprenons de nous. »

Première citation : mon idée théorique et pratique du monde extérieur, ce qui guide ma tenue ici et parmi vous, c'est la lumière extraite par mes sens. Ce n'est pas une relecture de cette citation, ni une interprétation : c'est le chemin que je fais en partant d'elle. Mes sens sélectionnent-ils ce qu'ils sont capables d'identifier ou ce dont j'ai besoin pour éclairer ma conduite ? Comment ? Ce qui m'apparaît du monde, positivement ou négativement, n'est-ce pas extrait par mes sens ? Il y aurait donc une participation personnelle (même inconsciente), car j'en aurais besoin pour me construire, pour mon intérieur, pour ma façon d'être…

Les questions que me pose la deuxième citation sont celles-ci : mon intérieur prend-il l'image de ce qui m'apparaît du monde ? Mon intérieur est-il à l'image de ce qui m'apparaît du monde ?

La troisième citation me fait penser à l'idée que ce que l'on « décroche » du monde, on le décroche par nous et de nous.

Ces questions ont une valeur si on les laisse suspendues. Je retiens de cela le sentiment d'une imbrication, d'une corrélation très intime entre l'« extérieur » et l'« intérieur », et de l'existence de réalités personnelles. Y aurait-il autant de réalités personnelles du monde que de personnes ? On n'est pas loin de lapalissade mais attention, ne relâchons pas notre attention, même (et peut-être surtout) devant ce qui semble simple et évident.

Il reste maintenant la délicate tâche de rendre ces citations à leurs auteurs. Nous allons le faire par respect, mais conscients du danger que cela représente. Va-t-on gêner notre perception de ces citations en y ajoutant le nom des auteurs et ce qu'il signifie, justement ou injustement, pour nous ? « Non, bien sûr que non ! » diront certains.

Rien n'est moins sûr que cela car notre système d'idées reçues et son attraction sur nous sont très puissants.

Dans l'ordre des citations, nous les devons à Jean Dupont, Karl Marx et Épicure. Quelle image avons-nous de ces trois hommes ? Il risque d'y avoir collision, réinterprétation et confiscation de la citation.

Et quelles étaient les phrases avant et après les citations ? Dans quel contexte ont-elles été exprimées ?

Je préfère alors dire : « Ces citations, c'est ce que j'ai entendu de M. Dupont, Marx et Épicure... » et non : « Voici ce qu'ont dit M. Dupont, Marx et Épicure. »

J'insiste sur cela, ce qui peut encore sembler « évident », car nous rencontrons la même altération de la perception : l'image que nous avons d'un nom, d'une réputation, d'une étiquette... Qu'on se l'avoue ou non, que l'on en soit conscient ou non, il faut considérer cet aspect.

Au fait, les trois citations ne sont pas de Dupont, Marx et Épicure mais de Bergson, de Paul Chauchard et pour la troisième... désolé mais elle est anonyme !

(Montpellier)

Sens de la libération

Le goût, comme les autres sens, offre la possibilité de se libérer ou d'être asservi. Ce n'est qu'une possibilité qui nous est offerte. Rien ne se fera sans une prise de participation positive ou négative de notre choix. Le choix du non-choix est lui-même un choix. On vous l'offre : à vous de le prendre ou non. Ce ne sont pas vos sens qui vous libèrent ou vous asservissent. C'est vous-même qui vous libérez ou vous asservissez par l'intermédiaire de vos sens.

Mon choix est celui de la libération. J'ai engagé mes forces dans cette dimension. Je ne peux intéresser que ceux qui ressentent ce besoin affirmé ou naissant.

« Mais se libérer de quoi, de qui et pourquoi ? Ne sommes-nous pas déjà libres ? Et de toute façon pourquoi se libérer ?

— Ces questions sont des questions intimes. Qu'on se les pose sous une forme ou une autre, elles sont un chemin dont l'essentiel n'est pas le but mais le mouvement, le mouvement de sa propre vie.

— Bien. Mais j'entends dire que nos sens nous abusent. Ils nous induisent en erreur en nous déformant la réalité. Toutes les informations qu'ils filtrent prennent le sceau de la subjectivité.

— Lutter contre eux, ce n'est pas s'en libérer. Vivre dans leur ombre, avec cette hantise, ce n'est pas vivre sans eux. Et comment vivre sans eux ? Privés aussi complètement que possible d'excitation sensorielle, nous voici plongés dans un état d'entre-deux, flou, en proie à des perceptions sans objet. »

Ce que nous devons faire, c'est les accepter. Les accepter en pleine conscience. Un message extérieur accueilli consciemment peut perdre son caractère agressif et nous permettre d'éloigner de nous une fatigue nerveuse. Se libérer dépend de ce que l'on fait des sens, de la façon dont on les vit.

Le problème est qu'ils peuvent nous lier excessivement au monde. Quand l'heure est venue de tout quitter pour se donner la chance d'être à nouveau, à ce moment précis, à cet instant, ils ne doivent pas nous faire trébucher, hésiter. Ce point est important et se prépare à chaque instant, comme le sommeil se prépare en état de veille.

À chacun la conduite qu'il est capable d'apporter à sa réalité intime. Être ceci ou cela, suivre ce chemin-ci ou celui-là. Il faut être soi et suivre le chemin qui nous convient, trouver la *jòi* [1], bien sûr, sans menacer la vie ni décevoir l'espérance.

Je crois que les sens peuvent nous offrir la possibilité de « dissolution », de « dilution »... Ces mots sont partiels... disons d'« osmose ». On touche là quelque chose de sensible.

(Sur la frontière)

Les vagues « impressives »

Comment la lumière vient-elle à nous ?

Nous la recevons par vagues puisqu'elle porte le rythme. Rien de ce qui nous semble continu ne l'est. Un film crée l'impression de continuité du mouvement en faisant apparaître et disparaître vingt-quatre fois à la seconde des images.

Quand bien même je regarde quelque chose de fixe comme une forme, une couleur, etc., les informations m'arrivent par vagues successives, par séquences, par « vagues impressives ». Et le vide, toujours présent entre ces vagues, lorsqu'il est petit nous donne l'impression de continu. Mais petit par rapport à quoi ? À quel instant, à quel rythme ? La continuité est donc constituée de discontinuités imperceptibles. Le rocher aussi a son rythme, sa respiration, son souffle vital.

1. En occitan, terme intraduisible désignant une félicité suprême, un bonheur mystique.

On ne rencontre pas la permanence. Qu'elle est délicieuse et merveilleuse cette minute de gravité sourde en toute joie. Qu'elle est poignante cette minute de bonheur fulgurant et inexplicable en tout souci.

Les goûts, les parfums, tout comme la musique, nous les percevons en tant que « mélodie » : un mouvement. Ces mélodies sont construites avec des petits éléments, des notes de musique. Et entre elles il y a des vides, des silences, qui permettent tout à la fois de distinguer et d'unir les notes, comme le fait la ligne d'horizon avec le ciel et la terre.

Ces petits éléments sont ordonnés, positionnés, architecturés selon un rythme, et alors ce dernier crée les sentiments, la notion du temps, l'espace… Comme les arbres autour d'une place ronde, avec un banc tous les trois arbres… Rythme, rythme et encore rythme. Placer des choses, comme des tasses près d'une théière, c'est encore une question de rythme.

Et nous sommes dedans, nous évoluons dedans. Nous nous promenons sur cette place, cette sonate nous traverse, cette image nous touche. Nous sommes au cœur de ces palpitations comme un nageur au milieu des vagues.

Rien ne nous apparaît « en bloc » mais plutôt par cheminement : nos yeux s'habituent à l'obscurité et réapprennent à voir ; je découvre cet arbre sous divers angles en me déplaçant.

Une vague ne peut occuper tout l'espace car il n'y aurait plus de rythme. Il faut des vagues. Mais où finit une vague et où commence l'autre ? Elles sont « floues » mais bien distinctes. Ni les mêmes ni différentes. Énergie en mouvement qui se recrée à chaque instant en se définissant par ce qu'elle entraîne et ce qu'elle dépose à chaque impulsion. Elles suivent des courants tridimensionnels.

À deux mètres d'une fleur laissez venir à vous son parfum. Il vient et vous remplit de bonheur. Bougez légèrement la tête, sortez du rayonnement olfactif et le parfum ne vous parvient plus.

Nous sommes ce nageur entouré de vagues, de courants. Prenons conscience des vagues qui nous entourent pour nous positionner, nous mouvoir, pour être.

Mais en nous tout est aussi rythme : rythme cardiaque, respiratoire, impulsions nerveuses, pensées, cellules organiques, parole…

Qu'est-ce qui sépare alors nos vagues intérieures des vagues qui nous entourent ? La peau ? Elle est aussi créée par un rythme. Alors quoi ? Rien.

Et comme toutes les vagues, où finissent celles qui sont nous et où commencent celles qui nous entourent ? Cette question est-elle importante ? Nous sommes dans ce monde car nous sommes vagues. Quelques vagues dans l'océan qui un jour ont dit : moi.

(Toulouse)

Le vide et la foi

Il existe une expérience qui consiste à prendre conscience de notre respiration et à se dire, en expirant : « Je me libère. » Ne pas chercher à s'épaissir la peau, à se rendre peu sensible aux messages de l'extérieur et à s'enfermer dans un monde, déformé et déplaisant, d'obsessions personnelles (comme l'état, par exemple, d'un homme ayant trop bu d'alcool). Il faudrait chercher à s'affiner, à laisser la libre circulation de l'intérieur vers l'extérieur et *vice versa*.

Qu'un léger scintillement ou la chute d'une feuille d'arbre trouvent un écho en nous. Une belle sensibilité. Être un vide, ce vide qui seul permet le mouvement. Être un lieu de passage libre pour les diverses inspirations, influences. Former un, sans perte d'identité. Le thé, par une puissance qui lui est propre, permet cela.

Un des principaux obstacles est une difficulté de l'ordre de la foi. Il faut « se jeter dans le vide » sans craindre de se perdre soi ou de se fragiliser.

Tâchons d'être ce vide humble et riche où tout est possible. Acceptons ce qui, de lui-même, vient et repart plutôt que d'agir en autoprotection (refusant ce qui vient) ou en rétention (refusant ce qui part). Les sens peuvent nous permettre cela, simplement.

(Caucholiberi)

Trois attitudes face à la liqueur

Nous voici maintenant face à la liqueur : évoquons trois possibilités, trois attitudes, trois façons d'être présent face et avec la liqueur.

La première, appelons-la « technique de répétition ». Le système trouverait sa fiabilité dans la répétition. Nous goûtons cent fois par jour la même liqueur jusqu'à ce que nous ne la « voyions » plus (comme un tableau, accroché depuis longtemps dans le corridor, que l'on ne remarque plus). La répétition est devenue habitude. D'un seul coup quelque chose n'est pas comme d'habitude : « Il y avait bien un tableau ici avant, mais qu'est-ce que c'était ? » On agit alors par réaction négative au changement. Ceux qui pratiquent cette méthode ont d'ailleurs un vocabulaire « négatif » beaucoup plus développé que leur vocabulaire « positif ». On attend de la liqueur qu'elle soit soumise à l'habitude. L'idéal est constitué d'une absence de changement. C'est une idée nulle (dans le sens de zéro), excluant et figeant. C'est très rudimentaire mais suffit à beaucoup de personnes pour faire des contrôles de qualité ou de standard. Ce système est également très rassurant puisque l'on devient « bon » avec le temps qui passe. Il consacre l'expérience, sous sa forme courante signifiant « avoir existé », et permet de créer des échelles de valeurs entre les hommes à l'abri de l'imprévu, du don et de la vocation.

La deuxième attitude, ou « critérisation », consiste à appliquer une grille de lecture sur la liqueur : un quadrillage de critères, de concepts qui découpent l'ensemble en petits carrés. On divise, on fragmente, on casse ce qui est en mouvement, on impose des critères (et on ne voit que ce que l'on est capable de « critériser »). C'est une vision sans relief où l'on observe ce que l'on obtient dans chaque petit carré. On s'intéresse à l'harmonie que forment ces petits éléments, mais on est incapable de considérer le retour de l'harmonie aux petits éléments.

L'exemple de l'orchestre est clair : chaque instrument tâche, au début de la symphonie, de jouer juste individuellement. Comme ils jouent tous juste ils créent une harmonie, et c'est au comportement de cette harmonie que les musiciens vont jouer après, en se plaçant par rapport à elle. Il y a aller-retour, interaction, influence entre les petits éléments et l'harmonie.

L'autre danger est, en essayant de caser tous les éléments dans des petits carrés, de briser une racine de l'arbre. Racine qui ne rentrant pas dans les critères nous était invisible. C'est alors l'entité qui se meurt. Dans ce cas j'attends tout de mes critères. Mon idéal est que rien n'échappe à mes critères. Étant donné que je ne vois pas ce qui n'est pas critérisé, ce danger est minime... Toutefois, lorsque l'on sent une présence essentielle qui nous est invisible, qui échappe à nos filets, la chute est rude.

La troisième attitude, ou « vide rythmé », consiste à se tenir face à la liqueur. Sans aller la chercher, car si elle vient à nous par un autre chemin on la croise et on la manque.

On reste à sa place et on se rend disponible à tout ce qui nous entoure (lumière, sons, reflets, air...). On s'affine, on se fait vide pour permettre le mouvement, le passage. On accepte de se diluer, d'aller vers le clair. Pour cela il faut être sans peur de se perdre ou de mettre à la lumière du jour quelque chose que nous cachons en nous.

On prend alors conscience du rythme, du rythme de la liqueur et de celui des messages. On accorde ses rythmes avec ceux de la liqueur.

Puis il faut avoir confiance en la venue de la liqueur. C'est une épreuve de foi : elle va venir.

En effet la voici, pleine et libre, en multiples mouvements. Nous n'avons pas d'attente car nous sommes neufs, prêts à l'émerveillement. Ainsi on ne se « blase » pas et on est attentif, même aux saveurs de petite intensité. On pourra juste dire, si tel est le cas : « Je te reconnais. » Pas plus, car il n'y a rien à dire de plus.

Goûter requiert de l'énergie. Cela ne signifie pas qu'il faille être vigoureux, nerveux, déterminé ou agressif. Cela signifie qu'il faut « tenir sa place » parmi et sur les impulsions, les courants. Être attentif et réagir, permettre le passage et accueillir.

Si nous voulons qu'à nous des choses soient révélées, il faut être présent. Alors à notre présence répondront d'autres présences. Un état de révélation, c'est tout simplement un état de présence. Accepter que l'instant présent, tout comme la lumière, vienne à nous et nous trouve ici. Se vider, sans intérêt, c'est l'attitude la plus en accord avec notre « topographie de l'être ».

Puisque nous prenons place dans cette dernière sans la remplir d'artifice.

(Atelier LGC)

Une notion de dégustation :
« la maison qu'on a du mal à ouvrir »

On vit dans un espace qui nous permet le mouvement. Cet espace est un espace intérieur et extérieur, passé-présent-futur ; il est constitué également de sentiments, de souhaits, de notre interprétation de certains faits. Tout cela forme un seul espace, mobile, mouvant, dynamique, flou quelquefois, plus précis d'autres fois.

On se meut dans cet élément, généralement en n'en ayant qu'une petite conscience. C'est une topographie de l'« être » (ici le verbe « être ») où toute chose qui nous concerne possède une valeur spatiale, où toute chose de notre vie, lorsqu'elle y trouve sa place, ne vient pas alourdir ou remplir mais apporte encore plus d'espace. Comme un ciel avec ses courants, ses nuages...

Peu de gens, occasionnellement, en sont sortis. Peu de gens ont rencontré une véritable limite.

Notre goût fait partie de cet espace : notre goût avec ce que nous sommes capables de sentir, de faire partager, avec une volonté ou non de convaincre, avec des souvenirs personnels, des émotions, des inquiétudes...

Ce lieu, comme une maison, est un espace intime soumis à différentes logiques : la logique de construction (existence de forces) et la logique d'habitation (habillage de ces forces, utilisation ou non de telle force ou de telle autre...). Mais cette maison, l'ouvrira-t-on ? Peut-être est-elle un refuge qui abrite nos inquiétudes, notre fatigue. Peut-être est-elle un ermitage ou une humble maison, vide et banale. Peut-être, parce qu'elle est dorée à l'or fin, pense-t-on qu'elle va impressionner...

Toutes ces raisons, et tellement d'autres encore, font que l'on va oser ou non ouvrir sa maison aux autres. Et si oui à quels autres ? Dans quelles conditions ? Avec quelle sincérité ?

Cela dépend souvent de ce que l'on a vécu avant, du comportement et des réactions que nous avons récoltés justement ou injustement. Il faut en prendre conscience et prendre sa décision : « Vais-je ouvrir ma maison ou non ? »

Goûter et dire ce que l'on ressent, ce à quoi cela nous fait penser, faire rentrer l'autre avec ses mots, ses propres sentiments, ses convictions et ses doutes : c'est cela ouvrir sa maison.

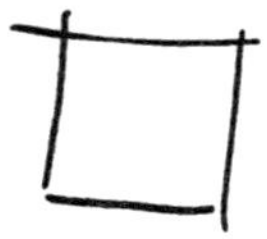

(Assis près de la fenêtre)

Une notion de dégustation : « s'emmantolar [1] »

Ce n'est pas un problème de présence. On est vraiment là, disponible, mais quelque chose dans ce que l'on a ressenti nous a déstabilisés, gênés, ou bien c'est notre environnement immédiat qui ne nous met pas dans de bonnes conditions. On va alors hésiter à nommer ce que l'on ressent pourtant distinctement.

1. Mot occitan signifiant se couvrir, s'envelopper comme avec un manteau.

Et lorsqu'on le nomme, on se retient, on le diminue, on le confond. C'est autre chose qui sort de notre bouche. Commence alors un travail inconscient, difficilement stoppable : c'est un travail de sape, de confusion, de reniement.

On se fragilise, on se paralyse, on se met hors d'état de continuer pour arrêter le plus vite possible. Parce qu'il y avait des choses en soi que l'on ne voulait pas nommer, trouver, partager, on a mis son manteau. Geste de rupture où l'on couvre tout ce qu'il y a en soi, on s'isole de l'extérieur. Geste de menace où l'on est prêt, sur-le-champ, à partir.

Ce n'est ni bon ni mauvais. Cela peut se comprendre et dépendre de beaucoup de choses. Mais ce qui est important, c'est de ne pas oublier le « pourquoi » de cela car, à la fin de notre action de sape, on en oublie, de bonne foi, la raison et, on croit, dur comme fer, à une faute de notre part.

(Debout devant la porte)

Parole lumineuse et voix d'Hypnos

Il y a des hommes qui, à force de travail, ont acquis une parole lumineuse.

Cette parole propose, offre, mais n'enserre pas, ne s'impose pas. Elle ne nous donne pas la solution mais nous permet de la trouver par nous-mêmes. On a l'impression que tout s'éclaire et l'on perçoit consciemment ce que l'on percevait inconsciemment.

À partir de là peut commencer, pour nous, une œuvre de prise de conscience : on va parfaire notre équilibre, compléter notre rayonnement, etc.

Cette parole ne vient qu'après un long travail où rien ne fut négligé (ni la technique ni l'esprit, ni la théorie ni la pratique…). Un travail ensemencé d'une profonde humanité : de l'amour, du respect, de l'humilité. Cette parole-là éclaire d'ailleurs bien plus ceux qui la reçoivent que ceux qui la donnent.

Il existe aussi la « voix d'Hypnos ». Cette parole nous accroche par sa capacité de séduire, de simplifier ou de complexifier, d'hypnotiser, d'imposer sans en avoir l'air, d'étouffer, d'inhiber tout ce que l'on voudrait dire mais qui ne va pas avec ses affaires. On se plie à sa volonté, souvent sans s'en rendre compte ou avec un consentement dupé. Toutefois quelque chose, bien souvent, la trahit : sa propension à se draper d'objectivité.

(Moissac, sur le pont)

Les dits de cheminement

« Une parole pour être, pour témoigner : dis-moi ce que tu vois. Nos yeux pour recevoir. Le tout, tout de nous, tendu comme la corde d'un arc. Bientôt le bond, le surgissement. Le tout tendu comme les cordes d'une lyre. Viendra le son juste, la note est prête. Avançons. Faisons un pas. Habitons là-bas. »

Faut-il des mots pour parler des choses ? Faut-il des mots pour dire quelque chose ?

Être au champ,
un bol à la main,
auprès d'un arbre.

Parvenir
au croisement des
chemins, sur les
toits, à l'épreuve
du désert.

Une dégustation : au questionnement des saveurs…

Le matériel de dégustation et quelques reflets de thé.

Partager
une cérémonie
du thé :
voir,
recevoir,
accueillir,
incarner.

Une voie
d'humilité :
la respiration
du thé...

Jean Montseren

Lorsqu'on est en face d'une liqueur, rayonnante et bien présente, lorsque l'instant, toujours unique, palpite... à quoi bon parler ? À quoi bon tenter le délicat exercice de mettre des mots, imparfaits, sur ce que l'on ressent ?

« J'aime »/j'aime pas » : et si le monde s'organisait ainsi autour de nous ?

J'ai des mots pour parler, je m'en sers pour travailler. Ce sont des outils parmi d'autres. Je m'en sers pour partager, offrir, proposer. Les mots se ressemblent et s'assemblent le temps d'un soupir d'amour, d'une réflexion angoissée, d'une petite certitude lumineuse, mais de tous ces caractères ils ont celui, prépondérant, d'aiguiser le regard. Nos mots sont nos outils.

Ils n'enferment pas ni n'analysent. Ils ne s'imposent pas car ils ne limitent pas.

Le vocabulaire que j'utilise a une cohérence. Quelqu'un qui serait intéressé par ces valeurs pourrait y trouver son chemin lui-même. C'est une porte ouverte, un territoire libre.

Il est cohérent : les murs tiennent le toit et le toit ne s'écroule pas sur la tête des invités. Mais il n'est pas un système car les systèmes parlent de « général » : de petits ou de grands... Et quand bien même ils ont été fondés, jadis, sur un fait juste, combien de fois le fait juste repasse-t-il par là ? Pourquoi la justesse qui serait venue une fois, librement, resterait-elle dans ce confort d'un système construit par l'homme autour d'elle ? La justesse peut-elle être contenue, enfermée ?

Mon vocabulaire est cohérent car hospitalier et fiable : comme un sol ferme pour marcher, comme un sol riche pour semer. Mais il n'est pas un système. Il est un espace sans mur, un vide. Par ce vide il est habitable, il permet le mouvement. C'est une structure vivante, adaptable, évolutive.

J'ouvre ma maison et dis que cette liqueur est charnue. Est-ce pour cela qu'elle a de la chair ? Est-ce pour cela qu'après mon appréciation on ne peut plus revenir dessus ? J'ai rencontré des gens qui verrouillaient toute opinion différente en y mettant leur reconnaissance sociale ou le métal argenté de leur cuillère. Qu'est-ce que cela vient faire ? Quel manque d'intérêt pour l'autre et quel orgueil ! Quand on se prononce sur une liqueur, on se prononce sur la liqueur qui est ici et que l'on a goûtée maintenant. Il s'agit du « nous » d'ici et maintenant, et non du « nous » que l'on désigne comme ayant trente ans de pratique. Car le « nous » d'il y a trente ans est-il le même que le « nous » de maintenant ? Ni vraiment le même ni vraiment différent. Disons que nous avons quelque chose à voir avec. Le « nous » ne dure que le temps d'un espace entre deux secondes. Et quand je dis « nous », le moment où je l'ai pensé, où je l'ai dit, est déjà loin de ce qui peut m'arriver maintenant. On n'a jamais trente ans de pratique. On n'a que celle du jour qui est, peut-être, en justesse avec l'instant ou non.

Quant à la cuillère argentée, elle vaut ce que l'argent vaut...

Lorsque je parle je ne verrouille pas l'opinion de l'autre car cela fait partie d'un travail d'écoute. Écouter le thé ou écouter l'autre, c'est la même préoccupation. C'est une façon d'être par l'écoute et non d'être par l'occupation maladroite du silence. C'est cela aussi, se faire vide. Je dis que cette liqueur est charnue, mais en fait il ne faut pas comprendre : « Elle est charnue » mais plutôt : « D'où je la vois elle m'apparaît comme charnue. » Ce n'est pas un jugement ni un fait objectif, mais un angle de vue. Un angle de vue qui me semble intéressant. On ne statue pas avec une appréciation, on chemine.

Inutile de décrire exhaustivement toutes les qualités objectives d'une liqueur. Voilà vraiment une proposition qui n'a aucun sens. Je ne vais pas non plus rechercher toutes les qualités supposées qui sont sûrement, certainement ou probablement là. Peu importe leur degré de probabilité. Peu importe car, à remonter au cœur de chaque élément, à la source, on doit, après quelques heures de marche, y trouver la trace de tout. Je veux dire qu'à chercher tout ce que l'on peut trouver dans un thé on y trouve tout.

C'est une lumière qualitative que je vais travailler. La lumière quantitative éblouit et aveugle. Alors que la lumière sélective construit, définit une identité. Je vais prendre un rayon de lumière et le poser sur « charnu ». Et que se passe-t-il ? Ce qui reste dans l'ombre cesse-t-il pour autant d'exister ? Non.

À partir de là, je vais construire un chemin qui me construira en même temps… Mon vocabulaire est un outil, il permet cela car il est fait de « dits de cheminement ».

(Train Bordeaux-Montauban : aller)

Les pas font le chemin, le chemin fait la marche

Je pose un rayon de lumière sur tel aspect. Les autres, dans l'ombre, n'existent-ils pas pour autant ?

Ils existent et je n'ai pas le pouvoir de les créer ou de les détruire. Je peux le penser, je peux le croire, mais je ne peux pas le faire.

Ce que je peux faire, avec ce rayon de lumière, c'est révéler ces aspects, les révéler à moi et à d'autres. Et lorsque je retire cet éclairage je ne les annihile pas (comment pourrais-je le faire ?). Je cesse simplement de les « révéler à moi ». Leur existence demeure, c'est leur révélation qui est en jeu. Leur existence nous nourrit, nous offre la possibilité, nous parle. Leur révélation nous concerne, nous incombe, nous responsabilise.

À partir de cet éclairage je vais construire quelque chose. Ce n'est pas un jugement mais une « expression ».

Je me prononce et, au fur et à mesure, je la construis. Nous partons de quelque part et nous « faisons route vers ». Ce qui ne signifie pas que nous « allons à ». Car l'important est la route, le mouvement, les rencontres.

Imaginons que je parle d'une liqueur avec quelqu'un. Nous construisons quelque chose, à deux, nous faisons route vers. Après quelques minutes une troisième personne intervient. Elle ne sait rien de ce qui a été dit. Elle pénètre en aveugle sur un terrain déjà balisé, qualifié et structuré. On lui demande ce qu'elle pense de la liqueur. Il faut alors être très attentionné afin de ne pas gêner son avis et d'être capable de l'accepter. Car que va-t-elle éclairer ? Il faut savoir d'où l'on part. Quel départ choisira-t-elle et, quand bien même le départ serait le même, « vers où » va-t-elle aller ? Il faut être attentif à cela et accepter la venue de l'homme de la dernière heure. On ne peut accepter le thé et son message sans en accepter son invité : l'homme.

Quoi qu'il en soit, seul ou non, je construis quelque chose : une route qui, avec le cheminement, va me permettre de me construire. Ces mots que j'emploie pour parler d'une liqueur sont des éclairages, des points de départ, des approches... de moi-même. Il faut donc rester conscient de ce que l'on va porter à la lumière, car on est partie prenante et qu'il faut se donner la chance de progresser, d'évoluer.

Puis on ressent, plus intimement, qu'à chaque pas on construit le chemin et que le chemin construit nos pas. Il n'y a alors rien d'autre qu'un mouvement : nous sommes devenus le chemin.

Pour clore ce chapitre, laissez-moi le plaisir de vous conter cette histoire qui illustrera nos propos sur le cheminement, les pas et l'instant vécu : un ami a fait revivre durant quelques heures d'un été, pour marier sa première petite-fille, une vieille église totalement oubliée et située en haut d'une falaise.

Plusieurs mois avant, il m'avait avoué avoir compté les pas qui mènent aux quelques marches du perron. Car il travaillait à prendre conscience de chaque pas qu'il allait faire. Il voulait les vivre chacun pleinement, sans délai ni retard. Il travaillait comme un comédien œuvre sur son texte, un musicien sur ses accords ou le Maître de thé sur sa cérémonie. Répéter cent fois pour être une fois. Vivre des années, vivre une vie, pour avoir l'expérience de l'essence d'un seul jour... et de là de tous les autres jours. Il me parlait de se révéler à chaque pas, à chaque fois, et non dans leur somme. « Chacun de mes pas sera unique. Je ne le referai plus, et ni celui d'avant, et ni celui d'après. Dans le silence intérieur répondant à l'agitation fébrile de l'attente, ces pas me mèneront sous le soleil, vers le sommet de la falaise, vers l'église, vers le mariage de ma petite-fille, vers l'émotion, vers ma mort, vers notre mort... Oui, chacun de ces pas sera un pas de vie, un pas vécu. »

Compte tes pas sur la falaise, mon ami, et je te promets d'en faire autant.

(Train Montauban-Bordeaux : retour)

« Une goutte de la mer a le même goût que toute la mer »

Une nécessaire phrase clef est par exemple celle-ci : « Une goutte de la mer a le même goût que toute la mer. »

Certains l'accepteront car elle est « belle », « philosophique » ; d'autres la récuseront car elle est « non scientifique », elle ne peut s'appliquer « universellement »... Et une minorité ne prendra parti ni pour les uns ni pour les autres car elle se demandera ce qu'elle peut bien signifier et quel est son rapport avec la journée d'aujourd'hui.

Je vous invite à l'accepter comme elle est, sans prendre parti et sans tenter de la qualifier. Cette phrase est une clef pour qui est capable d'entendre ses valeurs.

« Une goutte de la mer a le même goût que toute le mer. » Arrivé à la fin de la phrase, il ne s'agit pas de s'arrêter et de se dire : « Suis-je d'accord ou non ? » (Ou indirectement : « C'est vrai ou non ? », ce qui sous-entend : « Si c'est vrai je suis d'accord », à moins que cela ne soit : « Si je suis d'accord c'est vrai. ») Il s'agit ici, avec un élan que suggèrent ces treize mots, de continuer et de voir où cela nous mène, ce qui se passe en nous.

Un ami me disait, sans sortir des images marines : « C'est avec une amorce de mensonge que l'on pêche une carpe de vérité. » Notre amorce de mensonge, avec cette phrase, nous l'avons. La perception du goût de quelque chose, nous le savons, n'est pas qu'une question de réaction chimique. Des appréciations subjectives viennent influencer et interpréter ce que nous pouvons obtenir. Une bière de 50 cl semble à beaucoup plus goûteuse qu'un demi. Peut-être que la plupart des gens ne s'éveillent pas complètement dès la première gorgée. Nous le voyons, cela dépend aussi de notre capacité d'éveil à l'instant.

Puis avec toutes ces différences personnelles, qui sont autant de réalités personnelles, peut-on parler du goût de la mer ou plutôt du goût que nous semble avoir la mer ?

Quand bien même nous parlerions du « goût que nous semble avoir la mer », a-t-elle un goût global, moyen, homogène ? L'unité que nous considérons, la « mer », où et quand finit-elle ? La vie a-t-elle la même saveur chaque jour ? Chaque goutte de la mer a-t-elle le même goût qu'une autre selon qu'on la saisit au sommet ou à la base d'une vague, près des côtes ou au large, sur l'écume ou au fond, dans un courant chaud ou froid ?

Après ces quelques réflexions quelle valeur possède encore notre phrase ? Elle possède la valeur de nous inviter au chemin…

A-t-on besoin de la quantité pour juger de la qualité ? A-t-on besoin d'opposer quantité et qualité ? Et l'essence ?

A-t-on besoin de connaître un goût « exhaustif » et « standard » de la mer (la mer, autre unité « exhaustive » et « standard ») pour apprécier la saveur d'une goutte ? Tant de questions viennent… A-t-on besoin… A-t-on besoin… De quoi avons-nous besoin pour nous éveiller sur la présence d'une goutte d'eau parmi des milliards d'autres ? Et si la question était simplement : de quoi avons-nous besoin ?

Peut-être certains penseront-ils que nous nous sommes éloignés de la phrase initiale (mais lorsque l'on marche, ne s'éloigne-t-on pas du départ ?). D'autres au contraire penseront que nous y sommes au cœur (comme si cela ne pouvait être que l'un ou l'autre, loin ou près). Et une minorité se demandera bien encore ce que peut faire ce chapitre dans ce livre.

C'est une question de chemin. L'important, c'est le Chemin et son chemin : son chemin, et non celui d'un autre, et le Chemin, qui nous donne la vie.

Cette phrase clef, comme d'autres dits de cheminement, sonne juste à ceux qui entendent juste et à ceux, aussi, qui sont prêts à entendre juste.

Vous voyez, on a déjà une amorce de mensonge, et la carpe de vérité n'est plus très loin car le fil de la canne à pêche commence à frémir...

(Port-Vendres)

Être au lieu

Après une longue ascension parvenir au sommet et contempler le paysage qui s'offre à nous.

À ce moment nous ressentons un vif bouleversement en nous, une émotion profonde. Nous sommes non seulement touchés par la vue de ce spectacle, mais notre respiration même en est modifiée, notre façon d'être également.

Nous avons tous en mémoire des paysages, et ces souvenirs ont une charge sensible importante. Ils signifient quelque chose comme un visage aimé ou détesté, recherché ou craint. Mais qu'est-ce qu'un paysage ? Nous sommes-nous posé la question ?

Un paysage océanique, ce n'est pas tout l'océan mais une portion de l'océan. Cette portion a des limites certaines bien que floues. Imaginons une peinture de champ de blé. Le tableau est dans un cadre. Pourquoi ce cadre ? Pourquoi pas un peu plus à gauche ou un peu plus à droite, en bas, en haut, ou un peu plus loin ? Parce que les limites du paysage sont celles de notre perception : le paysage que je contemple s'arrête à telle montagne car je ne peux voir plus loin à moins peut-être de me déplacer, de changer d'angle, et de déplacer le paysage avec moi. Car en tournant autour de nous-mêmes nous nous rendons compte que nous sommes au centre du paysage.

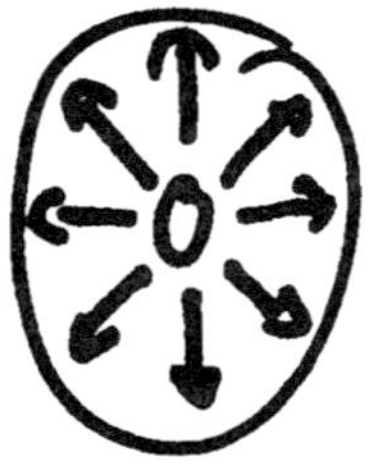

Au centre de tous les paysages ? Non, au centre de notre paysage. Ce que nous ne percevons pas n'existe-t-il pas ? Il existe mais ne nous est pas révélé.

Un paysage est donc la petite fraction, limitée, que nous pouvons percevoir d'un ensemble, lui, illimité. C'est une zone de contact avec l'infini.

Mais le paysage n'est pas uniquement la périphérie du grand cercle, il est l'intérieur du grand cercle, ligne de périphérie incluse.

Le paysage est vide : vide de la vallée, vide autour de la montagne, vide des plaines… Ce vide permet le mouvement. Le paysage n'est donc pas constitué que de la vue mais de toutes les perceptions : l'ouïe, l'odorat…

Il y a quelque temps, les communautés se constituaient selon que l'on pouvait ou non entendre le clocher de l'église. Une communauté représentait la portée sonore d'une cloche. Il en est de même de nous, de notre « communauté » de l'être : on ne peut jamais sortir de son paysage et le paysage est toujours par rapport à nous puisqu'il est défini par nos perceptions.

Je regarde la nuit tomber sur ma ville. Je perçois cette scène jusqu'à un certain niveau quantitatif et qualitatif. Je vois cela non comme il est mais comme il m'apparaît. Et il m'apparaît différemment selon mon humeur, et mon humeur est colorée par ce que je vois. « L'oiseau se pose sur une branche et l'arbre colore son chant. » Il y a interinfluences. J'ai même, à ce moment précis, l'impression que cela fait partie de moi. Ce n'est pas faux. Je suis jusqu'où je puis percevoir.

Mon corps est le petit cercle avec ses perceptions internes, mais je suis le grand cercle : c'est mon champ de rayonnement. Je ne peux pas dire que le grand cercle est mon être, « mon être à moi », car je ne suis pas dans l'« avoir » mais dans l'« être ». Je peux juste dire qu'« ici je suis », sans rapport de possession. D'où l'importance du lieu où je me tiens car il y a interinfluences.

Il y a trois espaces : le petit cercle est mon corps, le grand cercle sans le petit est le vide autour de moi et le grand cercle entier est l'être. Un peu comme le « moi, toi, nous » d'un couple… Mais ce n'est pas tout à fait la même chose.

Si je suis attentif, éveillé, je perçois mieux que si je suis inattentif, fatigué. Dans ce premier cas, je vais donc percevoir quantitativement et qualitativement plus et mieux : mon grand cercle s'agrandit, l'être aussi. Avec cette prise de conscience, je m'épanouis.

Un proverbe dit : « Porte attention au lieu où tu te tiens. » Dans la cérémonie du thé, on est appelé à se mettre en harmonie avec le lieu pour être soi-même en harmonie. Le lieu où l'on se tient devient alors lieu de franchissement (je franchis ce petit cercle), puis lieu d'affranchissement (je suis le grand cercle, je suis pleinement, complètement).

J'épouse le vide autour de moi. Le son de la cloche au loin me demande si je suis près (ici) et prêt (maintenant), le champ de blé qui ondule sous le vent me sourit. J'ai ce sentiment de bien-être (et non d'« être bien »). On se sent exister car on a dépassé les limites illusoires du petit cercle. Tout nous parle, tout nous concerne, tout fait écho non dans notre corps mais dans l'être.

Dans son unité, dans ces deux mouvements (surgissement intérieur/jaillissement extérieur), cela devient un *luòc d'espandida*. C'est-à-dire un lieu qui devient un lieu d'étendue, d'ouverture, de bourgeonnement, d'expansion, d'éclosion, d'épanouissement. Non pas en prenant sur les autres espaces mais en se libérant de ses propres limites intérieures. La fleur qui s'ouvre et l'arbre qui bourgeonne s'ouvrent des étendues nouvelles et fertiles sans changer de place. Un lieu de communion avec les énergies de la vie.

Tout au début nous avons parlé de cet homme qui, arrivé à un sommet, avait un choc en découvrant l'étendue qui s'ouvrait à lui. En fait, d'un seul coup, il s'est agrandi, sa respiration en a été modifiée.

On n'est pas uniformément. Il y a des différences d'être qualitatives et quantitatives. Un paysage sensuel est tout ce qui est contenu dans le grand cercle.

Cela signifie que l'on perçoit, que l'on est, que l'on goûte un thé avec ce qui est dans le petit cercle aussi : on goûte avec ce que l'on pense, ce que l'on aime ou non, ce qui nous réjouit, nous ennuie, notre passé, notre culture...

Attention, ici est un point délicat : je suis ici et à l'instant présent. Je perçois avec moi à l'instant présent et non avec moi d'hier. Mais si au moment où j'éprouve je suis habité par une certaine idée de mon passé, je goûte avec. Ce qui signifie que je peux goûter avec ce « moi » d'aujourd'hui habité par ce qui m'apparaît du passé.

Cela peut être vécu comme un héritage : on l'accepte ou non, on l'investit ou non. Je peux le travailler et accepter ce dont j'ai besoin. Je peux me libérer.

(Londres)

Texture, consistance et petits éléments

Lorsque les éléments qui s'ajoutaient ou se retranchaient les uns aux autres arrivent, soudainement, à un partage des choses, de l'espace, de la présence, nous atteignons une harmonie. (Le partage n'est pas entendu comme division mais comme lien d'une fratrie.)

L'équilibre d'harmonies survient quand le partage se fait équilibre.

La ligne harmonique est le sens dans lequel les choses se passent...

Dans la texture on trouve plus l'idée d'une relation, d'un jeu entre une surface de contact et la lumière. C'est la façon dont la matière absorbe et renvoie la lumière : l'interpénétration des deux.

Imaginons une fumée d'usine éclairée la nuit par les lumières d'une zone industrielle, le feuillage d'un arbre sous un rayon de soleil ou les reflets scintillants d'un fleuve. C'est la façon dont la matière se comporte.

La consistance, c'est l'idée de la matière en profondeur, sa densité. La lumière n'est pas *stricto sensu* un critère. Consistance du château d'eau en béton ou d'un sol. C'est la façon dont la matière se tient.

Quand un élément se resserre, se concentre, il prend plus de consistance.

Quand un élément se dilate, s'étend, il prend plus de texture.

Les éléments de construction sont tous ces paramètres à considérer dans la liqueur : grammage, temps d'infusion, qualité et quantité d'eau, choix de la théière... La construction est profondément engagée dans la relation des éléments entre eux, dans l'influence mutuelle. Aussi est-il normal que notre émotion s'inscrive différemment selon le type de construction. La construction organise la matière et l'émotion.

« Je cède avec joie à une fascination consentante pour les étoiles et les villes éclairées la nuit : ce spectacle de milliers, de millions de petites lumières qui résistent et vivent avec éclat... sans pour autant transformer l'obscurité en jour. » Auquel cas, sans cet ordre des choses, ces lumières ne nous seraient pas révélées. Qu'elles prennent donc leur place dans la nuit et qu'elles s'offrent à nous comme des sources et des repères.

(Bobigny)

Être présent c'est accueillir

Nous avons vu que pour percevoir la liqueur (la révélation) il fallait être présent tout entier, disponible. Et que notre qualité de présence était très liée à la façon dont nous acceptons que la lumière nous trouve ici, maintenant. Être présent c'est peut-être, simplement, accueillir la lumière, l'instant présent. Nous verrons si le fait de savoir cela change quelque chose ou améliore notre pratique.

(Allées Paul-Riquet)

L'émotion

J'ai entendu de certaines personnes qu'elles rejetaient l'émotion, s'en méfiaient. Pourquoi tant de suspicion et de reniement au sujet de « quelque chose » qui fait partie de nous et qui nous aide à comprendre, à être ?

Un homme loin de ses émotions n'est pas près de la sagesse, contrairement à une idée reçue. Pour certains, être émotif signifie être dépendant, ne pas se maîtriser et se laisser aller. Notez que dans « laisser aller » il y a une idée de mouvement – « se laisser aller à » – car, il est vrai, c'est bien d'un mouvement dont il est question, mais un mouvement de l'être.

L'émotion nous permet de changer d'échelle, de dimension. Il y a des moments où notre façon d'être ne se trouve plus en harmonie avec la situation car, bien que cette dernière ait changé, notre façon d'être est la même. Alors intervient l'émotion. L'émotion est toujours un changement d'état, une réaction à une situation qui a changé. Elle permet de s'adapter, de se mettre en accord. En nous mettant en accord avec l'environnement, l'émotion nous permet de participer, en une communication bilatérale, à l'harmonie. Car il y a des niveaux de communication en toutes choses. Ce partage est bel et bien un mode d'expression et, plus encore, de rendre grâces.

Il ne faut pas se sentir fragilisé si l'on vit ses émotions. Il en est de même de l'eau. L'eau est la plus grande force qui soit. Elle a la capacité de donner la vie et de défaire les montagnes. Comment agit-elle ? Elle va toujours vers le plus bas, prend toutes les formes sans jamais en imposer une. La force de l'eau, c'est son humilité et sa facilité d'adaptation. L'eau vive est l'émotion. Une émotion ne nous met pas en confrontation ; même une colère n'est pas un refus de la situation mais une réaction qui, par un lien subtil, la reconnaît. L'émotion nous rend humbles. Elle témoigne que nous sommes dans le monde, touchables par lui. L'émotion jamais ne se casse, contrairement à l'orgueil qui se brise net. La résistance est d'une autre grandeur. Elle n'est pas au niveau de l'orgueil mais au niveau des éléments. L'émotion qui nous traverse est l'eau qui traverse la montagne. Elle doit être en mouvement, sans cesse.

Mais ici nous parlons, depuis le début, de l'« émotion juste » car, comme tout autre comportement humain, il y a des émotions qui, sans être injustes, ne sont pas pour autant justes. Inutile de demander un système ou une définition permettant de les différencier. C'est une réalité personnelle, un travail de tous les instants. Toutefois, sachons que l'émotion juste c'est aussi reconnaître et dire les choses.

Reconnaître ne signifie pas nécessairement avoir « connaissance de » mais avoir « de la reconnaissance ». Nous avons vu que le monde profane n'est pas celui de la non-connaissance mais celui du non-respect. Je suis humble, je n'essaie pas de faire croire que « tout va bien » et que « je maîtrise tout ». Je reconnais que je ne suis plus en accord. J'accepte alors mon émotion avec reconnaissance... Et me voici de nouveau en harmonie.

Il y a aussi le point important qu'une émotion dit les choses, elle témoigne. C'est nécessaire de rendre grâces, de témoigner par un écho que nous renvoyons. Une mélodie est profonde et j'en suis ému. Cela signifie : « J'en ai conscience, j'ai pris conscience et, par mon émotion, qui est écho, je remercie que cette mélodie soit venue jusqu'à moi, je témoigne de cette grâce. » Quand un tableau est beau il faut le dire. Quand on est bien avec un ami il faut le dire. Quand une chose simple nous touche il faut le dire. Quand on aime le thé que l'on boit il faut le dire et se le dire. Beaucoup de personnes se pensent ridicules à faire cela. Si les choses s'arrêtent à nous, elles se perdent. Il faut les laisser nous traverser et non les enfermer. L'émotion, c'est la porte qui s'ouvre. Elle a une capacité de libération et de construction. Elle est semence et communication. Elle ne correspond ni à un système ni à une généralisation, car tout est changeant en permanence. Et ces métamorphoses nous demandent de reconnaître les forces, les énergies. Ce travail de reconnaissance est essentiellement un travail d'humilité.

Alors ne vous « blindez » pas. Ne construisez pas un mur autour du petit cercle, vous privant d'une partie de l'être qui vous concerne. Ne vous enfermez pas en tête à tête avec votre peur. Soyez dignes. Laissez votre émotion vous ouvrir.

(Rodelle)

Loin de nous imaginer des passés ou des futurs, afin de détourner notre attention de ce que nous faisons maintenant, prenons conscience de l'incarnation. À chaque instant nous sortons du passé pour incarner un présent. C'est un présent sensible et disponible, libre et conscient. Les choses s'arrêtent là et repartent ailleurs. Mais au travers de tous ces états nous possédons un fil rouge : la vocation. Bien entendu la vocation aussi change de formes, mais cela ne l'empêche pas d'être un continu dans nos vies. « Cet héritage de nous à nous-mêmes », avait dit un comédien.

Des personnes ne reconnaissent pas la vocation et lui préfèrent la notion rassurante de l'expérience. L'expérience, ici, correspond au nombre d'années. Quoi de plus simple pour évaluer la valeur d'un homme ? Il suffit de savoir compter. Quoi de plus réconfortant que de se dire qu'il suffit de laisser courir les années pour être reconnu et en imposer ? Nous ne sommes pas tenus, ainsi, au courage et à l'urgence. Erreur courante, et pourtant recensée il y a deux millénaires par un penseur (et par d'autres certainement avant lui). Cette erreur consiste à confondre « avoir existé » et « avoir vécu ». Un homme de soixante ans a certes existé soixante ans, mais combien d'années a-t-il vécu ?

Reconnaître la vocation, c'est avoir une croyance du sacré : la vie. Pour beaucoup la vie est un fait, une certitude, quelque chose de prouvé. Alors ils n'ont pas besoin de croire en la vie. Selon eux, seul ce qui est incertain, improuvable ou improuvé peut faire l'objet d'une intime conviction, c'est-à-dire d'une prise de position. Mais pour celui qui croit en la bonté naturelle des hommes, par exemple, celle-ci n'est ni incertaine, ni improuvée ou de l'ordre de la spéculation intellectuelle. Ce n'est pas non plus un calcul de probabilités. C'est peut-être le cas pour le sceptique, mais le sceptique ne croit pas... même s'il pense croire, parfois.

La vie n'a pas été donnée une fois pour toutes, à la naissance, pour être retirée une fois pour toutes, à la mort. La vie ne se subit pas. C'est une énergie qui traverse, passe, se nourrit et donne. Elle est toujours à l'avant-garde de l'humanité mais elle est aussi le dernier bastion de résistance quand tout le reste a cédé. Si on place son espoir en la vie, ici il sèmera, ici il résistera. C'est cela incarner, c'est cette prise de conscience, et la vocation c'est se donner la peine de ne pas démériter de la vie.

(Séville)

Technicité et fuites

Certains goûteurs piqués par je ne sais quelle mouche ou peut-être en mal d'une reconnaissance « incontestable » utilisent la « fuite en technicité ».

Considérant que l'« impalpable » (le personnel, l'intime, le subjectif… la dimension profonde de la dégustation) est contestable et que, par conséquent, le « palpable » est incontestable, ils usent exagérément de paramètres techniques et pseudo-scientifiques. Arrêter l'eau frémissante à tel degré précis ou faire infuser le thé à la seconde près semble prendre plus de valeur et plus de sérieux que de faire ces actes « d'instinct ». La « fuite en technicité » est une perte des critères de tolérance et le rejet de toutes les conditions s'éloignant d'une situation ou d'un environnement standard et idéal.

Il existe également l'attitude inverse, la « fuite de la technicité » : rejeter la technicité et ne parler que d'expérience. Dans ce cas la technicité est vue comme un élément capable de déstabiliser ou de délégitimer l'empirique : supprimer tout objet et toute raison d'être à l'expérience.

C'est pourtant difficile de mettre en péril l'expérience de l'« ayant existé »... Tant de gens s'y accrochent tellement pour se donner à bon compte un sentiment d'évolution et d'évaluation...

Ce que nous pouvons constater dans cette « fuite en technicité » ou cette « fuite de la technicité », c'est une seule et même « rigidification » occasionnée par la recherche d'une reconnaissance incontestable.

En effet, pour beaucoup, plus ils pratiquent longtemps une activité plus ils perdent en souplesse. Une remise en question, même légère, prend alors la forme d'un désaveu, d'une défiance.

Évidemment, vous et moi, nous préférerons penser que la pratique, au contraire, nous apporte une capacité d'adaptabilité et de compréhension.

La justesse ne saurait être offerte par une attitude extrême ou, tout simplement, motivée par un orgueilleux désir de reconnaissance personnelle. Il existe une part de technicité qu'il convient de ne pas accroître ou diminuer.

Cette part, en elle-même assez importante, est souvent un motif d'étonnement pour le néophyte. L'acte de préparer un thé devait figurer, dans sa hiérarchie des gestes, comme un « geste mineur » car quotidien, sans prestige social évident... Telle devait être sa conception avant qu'il ne réalise qu'il n'existe pas de gestes mineurs ou majeurs et que tous demandent, au moment de l'action, une prise de conscience. En effet, il ne pensait pas que cet acte puisse nécessiter autant d'attention et de précision.

Partant de là, de ce choc premier, c'est tout son regard sur « les-petites-choses-qui-nous-entourent-dans-la-vie-de-tous-les-jours » qui va s'approfondir et devenir bienveillant. Le lieu et le temps où il vit en seront changés, nouveaux. Comme un voyageur qui décide soudainement de porter attention aux autres voyageurs, ces compagnons de mouvement.

Mais à chaque pas demeure la possibilité de trébucher. Cela serait une erreur dommageable que de penser qu'après cette première étape le néophyte progresserait en intensifiant, en rigidifiant sa technique. Elle doit, au contraire, avoir un caractère spontané, naturel, vécu, philosophique…

La technicité, comme nous l'avons vu, est un écueil pour chacun d'entre nous, du néophyte au goûteur, si nous l'utilisons en faire-valoir ou en centre de gravité de notre pratique. L'essentiel est de lui reconnaître et de lui accorder la place qui est la sienne, sans la négliger ni la surévaluer.

En travaillant cela, l'apprenti progressera.

(Le Kremlin-Bicêtre)

« Qui est le roi ? »

Accordez-moi le plaisir de vous raconter ces deux histoires, qui n'en sont qu'une, et qui mettent en scène un homme de thé.

Sur la route souvent un homme de thé croisait des hommes qui lui demandaient : « Qui est le roi ? Savez-vous qui est le roi ? Je veux le connaître et le rejoindre. Je lui obéirai et il me donnera quelques haillons d'illusions : ses restes de gloire, ses restes de puissance, ses restes de repas. Je vivrai longtemps ainsi car toujours je veillerai à mépriser le vieux souverain déchu et à ménager le jeune conspirateur aux possibles ambitions. Je serai fier de moi car on me dira rusé et jamais on ne me traitera de mercenaire. En effet je ne porterai pas les armes car d'autres les porteront. Je n'interdirai pas non plus les armes car d'autres les permettront. Il en est ainsi car je suis né nu et seul sur un chemin que je ne vois pas et dont je ne connais ni le début ni la fin, ni le sens ni la direction. Je ne peux continuer ainsi, je veux être protégé et rassuré. Dites-moi ce que je dois faire, ce que je dois dire, pour être reconnu. Mais, surtout, je ne veux pas être reconnu pour ce que je suis car j'ai peur de ma solitude et de ma nudité. Si je compte mes fantômes, je suis un homme perdu… Mon humanité m'inquiète. »

Il leur répondait : « Vous ne voyez pas le chemin car il est sous vos pieds, vous êtes dessus. N'allez pas à la recherche du roi d'aujourd'hui pour, dans son ombre, profiter des restes du festin d'hier. Le festin n'est pas là où l'on "indigère". Ouvrez votre porte au tailleur de pierres. Il est homme de passage comme tout homme de vocation, modeste détenteur temporaire de quelques reliques. Il taille sa pierre selon un vieil héritage qu'il a travaillé. Il y ajoute sa vie et ce qu'il peut apporter, puis n'oubliera pas de passer le flambeau. Sa pierre, il l'offre à l'édifice collectif. Peu importe qu'elle soit pilier de fondation, clef de voûte ou simple partie d'un mur. Chaque pierre est, à sa place, l'indispensable pierre. Ouvrez votre porte à l'homme de vocation. Vous partagerez ensemble tout ce que vous pourrez partager. Et lorsqu'il repartira, n'oubliez pas de ne pas chercher à le retenir. Là est le festin. »

Ils étaient cinq à prendre le thé. Ils n'avaient pas encore bu que quelqu'un annonça : « Le roi est là. » Alors quatre se levèrent, leur tasse pleine à la main, et affolés se précipitèrent hors de la pièce, se cognant les uns avec les autres et criant : « Où est le roi ? Où est le roi ? » Le cinquième, homme de thé, resta seul, assis dans le silence, contemplant le thé. Il porta la tasse à ses lèvres et but. Il la reposa vide en face de lui et questionna : « Où est la source ? »

(Paris)

Le livre et le sabre

Voici l'histoire qu'un ami m'a racontée il y a quelques jours :

Un Maître se promenait seul, sur un sentier sauvage, sabre à la ceinture et livre à la main. Tout en marchant il lisait de profondes pensées. Tout à coup survint un homme masqué et armé qui lui cria, en le menaçant : « Donne-moi tout ce que tu as. » Calmement le Maître lui tendit le livre et lui dit : « Voilà, je t'ai tout donné. » « Non, répondit le voleur, donne-moi le sabre aussi. » « Es-tu sûr que tu veux le sabre ? » questionna le Maître. « Oui », dit le voleur. Alors lentement et d'un geste ample, le Maître sortit le sabre de sa ceinture et, comme un vent froid qui frappe l'arbre, il lui coupa la tête.

La première fin de cette histoire est pour tout le monde. Recevons ce premier message qui, chaque élément de l'histoire étant symbolique, n'est évidemment pas une apologie de l'autodéfense. Cela est clair.

Mais cette histoire à une seconde fin contenant un second message. Sont concernés par cette suite ceux qui se sont engagés comme apprentis sur une Voie de maîtrise.

L'histoire aurait pu s'arrêter là sans la rumeur. L'information se répandit de village en village qu'une fine lame avait débarrassé la région du célèbre brigand local. Affluèrent alors toutes sortes de bandits : certains pour désormais prendre le contrôle de ce sentier, d'autres pour venger le mort et d'autres encore, par orgueil, pour se mesurer à cette fine lame dont on vantait déjà mille exploits exagérés. Ce qu'avaient retenu les gens, les fascinant positivement ou négativement, c'était la violence de l'acte. Peu avaient saisi que le bandit s'était tué lui-même, par le prolongement de son comportement. Que fit alors le Maître ?

Ah ! Ah ! bonne question... Que fit alors le Maître ? Aux apprentis de travailler sur cette fin.

(Coimbra)

À propos des Maîtres de thé

Il existe des hommes que l'on appelle des Maîtres de thé. Ces hommes par leur engagement complet, leur travail et leur personnalité ont su, sur la Voie du thé, ouvrir de nouvelles possibilités, offrir des repères et apporter une œuvre spirituelle se présentant sous diverses formes. De ces hommes, il en existe peu, très peu, mais qu'importe puisque ici nous ne sommes pas dans un rapport de quantité.

En revanche, prenant le nom de « Maître de thé » pour un titre honorifique, beaucoup de personnes s'en sont réclamées ou en ont fait une valeur institutionnelle... comme un diplôme que l'on se décerne entre gens se reconnaissant mutuellement. C'est pourquoi dans cette rubrique la liste de noms peut être longue. Également, certains marchands ont appelé des mélanges de thés souvent parfumés du nom d'illustres Maîtres. Est-ce là un hommage ?

Afin que les mots aient une valeur, convenons d'appeler « Maîtres de thé » uniquement les Maîtres de thé. Certains, sur leurs enseignements, ont fondé des écoles. Ces écoles sont positives mais de leurs rangs ne sort aucun Maître. Et si, toutefois, il en sort un, il est Maître par sa valeur et non par l'école. De même il n'y a pas d'école pour devenir grand peintre ou grand écrivain. Pourquoi cela ? Car la justesse ne s'emprisonne pas dans un système, même si elle en occasionna la fondation. Choisissons une vague dans la mer et enfermons-la. Avons-nous encore une vague ? Non, nous obtenons ainsi un verre d'eau.

Les Maîtres de thé vivent dans le monde et dans leur époque. Ce qui ne signifie pas qu'ils répondent nécessairement aux demandes de leurs contemporains. Allant vers le « rassurant », ces derniers attendent ou ne reconnaissent qu'une personne qui corresponde à leurs critères. Ce n'est pas cela accueillir.

« Les Maîtres vivent dans leur époque » signifie simplement qu'une partie de leur enseignement peut avoir un caractère temporel et s'inscrire dans un contexte socio-historico-politico-culturel. Cela ne relativise en rien ce qu'ils nous laissent car nous devons interpréter cela à la lumière de l'actualité humaine, qui n'a pas beaucoup changé depuis des milliers d'années, et du moment présent, qui n'a jamais cessé.

Le Maître et son message viennent comme l'imprévu et ont la valeur d'un imprévu. Pas d'un imprévu gratuit ou systématique, ce qui deviendrait un imprévu prévisible. C'est un imprévu qui nous sensibilise, chasse en nous l'habitude et le confort qui nous endorment et nous aveuglent. C'est un imprévu qui nous prépare toujours à être favorables à l'émerveillement... c'est-à-dire au début de la sagesse, comme écrivait un Grec.

Il est important de préciser cela afin de ne pas se laisser figer par un faux aspect de la tradition. Faire quelque chose dans le respect de la tradition, ce n'est pas faire comme avant mais faire avec le même esprit, la même justesse, la même pertinence. Le Maître apporte l'esprit et se trouve souvent en rupture avec les « conservateurs » qui ont chassé toute vie de leurs pratiques uniformisées.

Inutile d'attendre que le Maître soit mort pour lui trouver des « attraits », la mort ne le rend pas moins imprévisible dans le contenu de son enseignement. Inutile non plus de l'idolâtrer, sous quelque forme que ce soit, afin de cautionner une attitude pourtant si lointaine de son esprit.

Peut-être souhaiteriez-vous qu'ici je fasse le portrait de quelques Maîtres ? Je ne le ferai pas maintenant. Leur biographie risquerait de prendre le pas sur leurs enseignements, et ces derniers ne se résument pas en quelques pages et encore moins sous forme de mots. Le travail de leurs enseignements est une partie de la Voie et non une connaissance intellectuelle.

À ceux qui se sentent sincèrement concernés par cela il sera toujours temps de partager, en route, quelques expériences. Chaque chose en son temps, prenons le livre et ne réclamons pas, faute de savoir le manier, le sabre.

Où trouver ces enseignements ? Comment y avoir accès ? Certains, bien peu, nous sont parvenus sous forme écrite. D'autres sont sous forme de gestes, de symboles et d'exemples. Tous ne sont qu'un vecteur de l'essentiel : un certain esprit. Et cet esprit vient, croyez-le, il vient n'importe où et n'importe quand, sous autant de formes possibles, à celui qui marche tout entier, attentif, juste et humble. Quand bien même vous seriez démuni de tout au milieu du désert, il viendrait car il est inscrit dans votre irréductible part : l'être, et non l'avoir.

Finissons « en beauté » ce chapitre, accordons-nous un dernier saut dans le vide (il ne faut pas en avoir peur car le vide est plein de mouvements) : afin de ne pas fermer la porte, et de la laisser ouverte à la venue de tout Maître, reconnaissons que tout ce que nous avons dit sur les caractéristiques essentielles d'un Maître de thé est vrai... jusqu'à preuve du contraire ou jusqu'à maintenant.

(Nancy)

Invitation du Maître de thé : « avoir accès à l'expérience »

En écrivant ces lignes, je ne peux que penser à cet admirable professeur de français et d'« humanisme » que j'ai eu, et qui me faisait travailler sans relâche sur ces quelques lignes de Montaigne, tirées du chapitre XIII, « De l'expérience » : « J'ay un dictionnaire tout à part moy : je passe le temps, quand il est mauvais et incommode ; quand il est bon, je ne le veux pas passer, je le retaste, je m'y tiens. Il faut courir le mauvais et se rassoir au bon... Etc. »

Qu'est-ce que l'expérience ? Nous faisons face à plusieurs écueils.

Le premier est d'assimiler « primairement » l'expérience au nombre d'années où nous avons existé. L'expérience, ce n'est pas « avoir existé » mais « avoir vécu ». Une des différences essentielles, mais non la seule, entre ces deux termes est constituée par la conscience que nous avons de notre chemin.

Voici le second écueil : sous-estimer, dans le mot expérience, l'idée d'expérimentation... l'expérimentation présente.

« Avoir accès à l'expérience » s'entend donc à différents niveaux. On entend le sens que l'on veut ou peut entendre sur le moment.

Il en est de même du verbe « éprouver », qui signifie, ici, mettre à l'épreuve de ses sens et n'a pas le caractère pénible et négatif d'un acte « éprouvant ».

Cela dit, revenons à « avoir accès à l'expérience » : avoir accès soi-même aux messages de ses sens. Nous avons vu qu'une réalité a besoin de nous traverser pour devenir réalité intime. « Avoir accès à l'expérience », c'est être dans le monde. Notre chemin nous mène à un état de compréhension, de bien-être, de libération. En fait ce n'est pas exactement cela mais quelque chose dans cette direction. Par simplicité continuons à appeler cela « libération ». Car, quoi qu'il en soit, cette invitation à être celui que nous sommes, à partager, n'est pas une voie de contrainte, d'asservissement et d'oppression. Gardons toutefois à l'esprit que l'essence du chemin n'est pas d'être finalement libéré mais de se libérer à chaque pas. Ici, la récompense est dans l'effort et l'essentiel dans la marche.

Un Maître de thé donne, à qui est présent, quelques paroles. Cela fait partie du partage auquel il nous convie. Le disciple aussi a à partager. Bien entendu son partage n'est pas le même, mais il est tout aussi important. Peu importe que le repas soit riche ou modeste, ce qui fonde le geste c'est la sincérité du partage. C'est donc ainsi que le Maître donne quelques paroles. Elles sont là pour permettre, à ceux qui le veulent, d'avoir accès à l'expérience dans les meilleures conditions. Mais voilà, il ne peut y avoir accès à votre place. On ne se libère pas par procuration. Il nous invite à l'accompagner et à être accompagnés sur un bout de sentier, mais ce sont nos jambes qui marchent. Tout comme les siennes marchent aussi.

Quelques-uns ne croient pas en lui car il n'impose pas et ses propos sont d'une simplicité désarmante.

D'autres ne croient pas en lui car il ne recherche pas nécessairement le consensus, parfois il irrite et déstabilise.

Pour beaucoup le nœud du problème réside dans l'acte de se conformer ou non : se conformer à un modèle rassurant car connu et couronné de succès ou rechercher la conformité de la non-conformité. À cela le Maître de thé répond : « Être soi et avancer sur son chemin. » Il faut accepter l'idée que l'important n'est pas d'être « normal » mais « juste » et que personne n'a pu ou ne peut tracer votre chemin à votre place. On peut tracer un chemin, mais non votre chemin.

Choisir entre le parti de la conformité et celui de la non-conformité, c'est participer à un même élan dépendant d'une reconnaissance illusoire : « être reconnu sans chercher à se connaître soi » ou « être reconnu sans être démasqué ». La course à la reconnaissance, entendue comme la respectabilité, est presque toujours la course vers sa respectabilité. Elle est dangereuse et n'est motivée, souvent, que par deux buts inavoués. Le premier est celui de se protéger des autres en cherchant à creuser les distances qui nous séparent et à y mettre des barrières sociales et économiques. Le second est celui de se protéger de soi en accaparant nos pensées et nos années par des besoins jamais satisfaits et sans réelle interrogation.

« Hissez-vous hors des conflits et des contraintes » pourrait dire, un jour, un Maître de thé. Ceux qui viennent à lui par peur d'eux-mêmes et pour avoir la sécurité de se conformer à ses dires le désavoueront et seront furieux : « Il n'a donc rien à proposer. Il nous laisse tout faire » diront-ils. En revanche, il sera apprécié de ceux qui prennent cette invitation comme un alibi pour fuir leurs problèmes et justifier une paresse conciliante qui retarde tout travail sur soi.

Le Maître sera reconnu ou non selon l'intérêt que nous y avons. Il sera reconnu ou non selon la conformité de ses actes à l'image que nous nous faisons d'un Maître de thé.

Mais le Maître de thé n'a pas à être reconnu selon ces valeurs. Il n'a que faire de la reconnaissance d'un militaire, d'un marchand, d'un industriel ou d'un homme de cour. Ces gens qui ont en commun de ne reconnaître que ce qui est conforme à leurs intérêts, à leurs profits.

Le Maître, lui, parcourt son chemin et, à ceux qui acceptent sincèrement de partager son repas d'aujourd'hui, il permet d'avoir accès à l'expérience.

(China Place)

Le rayon de soleil et les volets

Hier j'ai reçu un ami jusqu'à tard dans la nuit. Nous avons parlé de musique, de peinture et aussi de voyages. Nous mangions dehors, profitant de la fraîcheur du soir et du chant des grillons. Émouvant, intense et simple moment où la vie devient sonate. Moment où, dans une telle harmonie, nous donnons et ressentons, avec une acuité particulière, le cœur libéré et confiant.

Ce matin le soleil s'est levé avant moi. De mon lit, par la fenêtre ouverte, je sens ces parfums si particuliers de la garrigue s'asséchant. Je me sens bien, je suis heureux et décide de rester encore quelques minutes comme cela, sans bouger, à écouter le lieu.

Un rayon de soleil a réussi à se glisser entre les volets fermés et vient, après avoir traversé des champs de poussières miroitantes, se poser avec intensité sur mon oreiller. À côté de moi.

Il me vient alors cette réflexion libre, ce sentiment simple, le souvenir de quelques paroles d'un sculpteur languedocien : « la brèche »…

Cette chose que l'on n'est, en vérité, pas capable de nommer, ce souffle indéfini mais infiniment présent, cette quête de quelque chose de certain et pourtant si déconcertant. Cet invisible si visible pour quelques-uns, cet invisible si invisible pour les autres.

Mais qu'est-ce donc que cette brèche ? Elle se vit, elle s'approche et ne s'explique. Le mot « brèche » ne convient pas non plus… et pourtant… Soit, revenons à cette histoire de volet.

Il y a un léger jeu entre les battants et, par cet interstice, un rayon s'est glissé. Dehors il y a tant de lumière, elle en est consistante, plurielle. Ici, dans cette chambre, c'est l'obscurité et la fraîcheur. Cet interstice est un lieu de passage de l'un à l'autre, pas uniquement de l'extérieur vers l'intérieur. Cette brèche n'est pourtant que vide. Elle est parce qu'elle est vide. Il en est ainsi de la porte, de la fenêtre, du vide de la tasse, du vide de nos maisons…

J'apprécie ce rayon de lumière, cette lumière sélective qui construit, révèle l'espace aussi bien par les endroits où elle est que par ceux où elle n'est pas. À force de scintillances, de pénombres et d'ombres, elle construit le lieu en organisant la matière et les émotions. Elle n'est pas cette lumière aveuglante, celle qui lèse.

Je me souviens d'une nuit où je prenais le thé avec un ami. Il y avait une bougie, une théière et nos deux bols. Ces éléments avaient été placés selon les règles du hasard et de la nécessité, et soudain ce fut pour nous une « révélation ». La clarté de la bougie se glissait entre la théière et un bol en dessinant un trait de lumière. Nous avions saisi aussitôt nos appareils photographiques respectifs, non pour « fixer » cette scène mais bien plutôt pour continuer à travailler dessus. Ce travail étant notre témoignage, le repas que nous offrons en partage. J'avais rarement eu une expérience aussi concrète de la brèche.

Cette brèche, ce seuil, cette frontière ouverte, quelques hommes dédient leur vie à la rechercher, à la trouver, car ses apparitions sont ici et là. Elle ne connaît pas l'or des palais ni les « valeurs sûres ». Elle s'accorde toujours à la durée de l'instant présent. Quelques hommes tentent de l'approcher, de toucher l'impalpable concret de la brèche.

Et cette quête de la brèche est également une quête intérieure. Car nous sommes aussi cette brèche, nous en faisons partie entre le ciel et la terre, le passé et le futur, nos émotions et nos actions... Mais attention, nous ne sommes pas ici dans une vision dualiste... Nous ne nous entretenons pas d'un concept mais de quelque chose que nous pouvons ressentir. Et puis la brèche est un lieu d'union, de contact, de frottements, d'accointances, d'interinfluences...

J'en étais là lorsque je me suis réveillé. Il y avait bien un rayon de soleil, mais posé plus loin. M'étais-je réveillé puis rendormi ? Quelle était la part de songe et de réflexion éveillée ? Je n'étais sûr de rien… Mais avais-je besoin d'être sûr de quelque chose ?

(Lo mas)

Ouverture

Être assis sous un arbre, sur la berge d'un fleuve.

Attendre que le soleil, dans son tour céleste, vienne placer un rayon sur un endroit précis, un lieu d'embrasement. Attendre le scintillement.

Se mouvoir dans cet espace par sa seule présence, pleine et participative.

Être et en prendre conscience. On y lit et on y voit alors des expériences insoupçonnables.

Puis ne pas oublier de placer cette félicité dans son quotidien. Respirer.

(Sous un arbre, sur la berge d'un fleuve)

Deuxième partie
Lumières sur un chemin de thé

Ces quelques chapitres représentent un exercice difficile mais nécessaire. Pourquoi ?

Car je pense qu'il peut être utile au lecteur de connaître quelques faits de mon chemin de thé, d'un chemin de thé. Et tout particulièrement quelques événements dont j'ai tiré des enseignements. Ils auront en plus, je l'espère, la vertu récréative de quelques exemples vécus.

Mais comment transmettre le « vécu », l'« expérience de l'être », par écrit ? Soit, essayons…

Cela dit, commençons par le commencement…

Un orage pyrénéen

J'étais enfant et passais l'été, comme chaque année, chez mes grands-parents. En pleine nuit, un orage d'une violence incroyable, un de ces orages d'été, s'abattit sur nous. Sans un bruit je sortis de ma chambre et me glissai sur la terrasse. On pouvait voir la foudre tomber sur Elne, sur Sorède, sur les montagnes, sur les forêts. Puis, dans un recoin de la pénombre, j'entendis un souffle léger. C'était mon grand-père qui s'était également réveillé. Nous nous assîmes tous les deux et regardâmes l'orage. Il alluma sa petite « pipe des insomnies ».

Nous avons parlé peu et bas. Nous regardions les énergies qui tournaient et essayaient de trouver leur place. Nous assistions à cette « nouvelle donne » des forces. Quand tout fut venu et que le jour nouveau put naître, nous sommes retournés dans nos chambres.

Cette nuit m'a appris quelque chose, elle m'a préparé à recevoir des enseignements sur le moment, la présence, l'être, le rite. Quelque chose de nourrissant. Mon grand-père fut touché autant que moi, mais nous n'eûmes pas besoin d'en parler. Il a juste écrit, quelques mois après, un poème pour son petit-fils qui s'appelait « Orage ».

(Pyrénées)

Le coucher de soleil originel

J'ai passé les quinze premières années de ma vie sans jamais me soucier de ce que pouvait être le thé, je n'en buvais pas. Tout juste avais-je été sensibilisé par les tisanes que me préparaient tous les soirs, avant de dormir, ma grand-mère puis ma mère. Mais rien de particulier jusqu'au jour où…

C'était le mois d'août et je passais mes vacances avec mes parents sur une île grecque. Nous longions les côtes désertes à la recherche d'un restaurant où nous voulions dîner. Il fallait faire vite car le soir tombait et il n'y avait pas d'éclairage électrique. Je marchais en retrait quand soudainement je tournai la tête à gauche : c'était le soleil couchant.

En face de moi le soleil incendiait d'un rouge intense cette magnifique mer, si calme. Un petit vent soufflait et un volcan fumant émergeait discrètement de l'eau. Je fus frappé. Je m'assis en haut de la falaise et respirai. Ce moment était si profond, si émouvant. Un de ces rares moments où on a le fort sentiment de comprendre… Je savais que quelque chose en moi ne serait plus jamais pareil. Je ne sais combien de temps cela dura, mais mes parents, qui ne s'étaient rendu compte de rien, étaient déjà loin. Je n'eus alors, depuis cette sublimation, plus qu'une seule idée : goûter du thé. Idée qui ne m'a plus jamais quitté depuis. Je commençai alors tout un travail sur moi-même afin de me sensibiliser au thé, d'être éveillé sur ma tasse de thé. Quant au restaurant, nous ne l'avons jamais trouvé. Chercher un restaurant peut changer une vie.

Il aurait fallu trouver les plus beaux mots possibles sur plusieurs pages pour remercier le thé de cet amour qu'il m'a donné ce jour-là. Je préfère être humble et ne pas tenter d'expliquer. Je n'en suis pas capable. Ce que je peux simplement dire, c'est que le moment était, semble-t-il, venu et que beaucoup de clefs de l'enseignement que j'allais recevoir étaient déjà là. Il m'arrive alors, depuis, de dire : « Je te reconnais », et rien de plus.

(Athènes)

Le rite du thé

Il y a des leçons que l'on ne prend pas en une fois mais en plusieurs.

Lorsque j'étais adolescent j'invitais, les vendredis soir, un ami à venir partager le thé et à discuter jusqu'à une heure avancée de la nuit. Ma découverte du thé était récente et je me cherchais dans la façon même de préparer le thé.

Difficile de décrire la formidable qualité d'être et ce fort sentiment d'affranchissement que nous ressentions : nuages d'encens, petite chambre mansardée, fenêtre donnant sur la cime d'un haut peuplier et les toits de la ville, la nuit, les lumières colorées des maisons, le lampadaire diffusant une clarté d'un orange chaud, les étoiles juste au-dessus de la tête, de la musique, des tapis orientaux, un ami, des vies à construire, des promesses… Les petits éléments formaient une douce harmonie.

Et cela était bien dans l'être qui nous concerne. Nos conversations s'acheminaient, sans que nous le recherchions, vers le moment où j'allais préparer le thé pour le partager. Le moment venait naturellement et dans cet amour, ce bien-être, la façon de faire le thé s'affinait, sonnait juste sans que j'aie à me demander comment faire. Nous buvions alors le thé et nos échanges, notre présence changeaient encore d'état par cette émotion intime. Malgré nos jeunes âges nous touchions quelque chose de difficilement accessible.

Vendredi après vendredi cette sonorité juste par nature nous a nourris, influençant notre état d'esprit, nous enseignant tant de choses, nous apportant quelques exigences. Vendredi après vendredi nous avions appelé cela le « rite du thé », car c'était bien de cela qu'il s'agissait.

Depuis nous partageons toujours le thé. Le rite est un rite d'aujourd'hui qui complète l'ancien. Ce dernier toujours nous unit car nous savons, comme un mystère vécu, que dans cette chambre il s'est passé « quelque chose ».

Il nous arrivait aussi, souvent, d'aller prendre le thé sur le toit au soleil couchant, levant, ou la nuit.

(Sur le toit)

Le Mystère...

Les rapports que nous entretenons avec notre cheminement en savent souvent plus que nous-mêmes.

Au début de mon apprentissage du droit dans une université parisienne, j'avais fait le rêve que tout habillé de blanc je jetais tous mes thés (à l'époque une bonne centaine). Chose que je fis dès mon réveil. Durant ces années de faculté, le thé semblait avoir déserté ma vie. Je n'en buvais plus et cela ne me manquait pas. Puis un jour, après quelques événements, le thé est réapparu dans ma vie, sans même que j'y songe. Et cette fois-ci me poussa même à arrêter soudainement mes études car l'heure était, semblait-il, venue. Je découvris alors que durant tout ce temps mes centres d'intérêt étaient, indirectement mais clairement, proches du thé. Je pus vivre des choses avec le thé qui étaient hors de ma portée auparavant. Et puis, au-delà des centres d'intérêt, j'ai reçu quelques enseignements imprévus. En voici un qui m'a beaucoup touché.

Je venais de sortir du métro, station Pont-de-Levallois. La nuit tombait doucement en ce soir de jeune été. Un peu de fraîcheur, des parfums de fleurs, débordant des jardins, et de femmes s'entremêlaient. Toutes les couleurs devenaient vives et pénétrantes. Je franchissais le pont de Levallois quand je vis, plus bas sur la berge, quelques hommes qui lançaient des fusées d'artifice au-dessus de la Seine. Ils semblaient vouloir atteindre l'autre rivage mais, les unes après les autres, les comètes colorées tombaient dans la Seine, après s'y être reflétées, et disparaissaient au moment précis où elles rencontraient leur reflet. Je fus touché par ces essais et m'arrêtai au beau milieu du pont pour contempler. Et tandis que j'allumais un cigare, derrière moi, au-dessus de l'île de la Jatte, c'était la Défense qui s'illuminait. Ces quelques hommes essayaient toujours et derrière eux, sur le pont d'Asnières, passaient lentement des trains dont les sons me parvenaient sourds et nets.

Je sus alors intimement qu'il se passait quelque chose d'important, que tout cela me dépassait, dépassait ces hommes, ces petites fusées, la Défense, l'île de la Jatte et le pont aux trains.

Nous tous participions à quelque chose par le seul engagement de notre présence. Nous jouions un Mystère venu de la nuit des temps et toujours d'actualité. Comme ces comédiens qui chaque soir depuis la création de la pièce, peut-être des siècles, posent par la vie qu'ils jouent la même question : une question de cheminement. Je ne sais combien de temps cela a duré. Il faisait nuit, je suis reparti.

Un peu plus loin j'ai trouvé un arbre discret. Je me suis concentré et ai essayé d'imaginer le contact de son écorce sur ma paume. Puis lorsque j'eus une idée précise je l'ai touché… Ce n'était pas cela. Pendant des années j'ai recommencé sur le même arbre, au même endroit de son écorce… Ce n'était jamais cela, parfois de peu, mais ce n'était jamais cela.

Il y a des questions qui n'ont pas à être répondues mais simplement posées. On peut être fasciné par des énigmes qui ne semblent à jamais des énigmes que pour nous-mêmes, sans possibilité apparente de partage. Elles n'en sont pas moins essentielles.

Car elles rencontreront et amèneront, un jour certain, à d'autres chemins.

En la personne de cet arbre, j'avais rencontré le gardien du Mystère du 14 juillet 1991.

(La Seine)

La leçon de la lune

Il est des voyages où les cheminements extérieur et intérieur sont immédiatement palpables. Ce fut pendant l'un d'eux que je reçus une belle leçon.

Je passais quelques jours avec un ami d'enfance sur la côte bretonne. Ce lieu, où il m'invitait, avait une portée intime très forte. Combien de fois m'en avait-il parlé ? Combien d'années durant l'avais-je imaginé ? Et son amour de l'océan… cet amour qu'il avait rencontré ici ?

La nuit venait de tomber quand on eut l'idée de boire un thé sur la plage déserte.

Nous y fûmes, après une marche silencieuse. C'était un lieu d'une grande force. Une immense statue sortait de la mer, la lune était pleine et l'océan confident.

Nous prenions le thé ensemble depuis nos quinze ans mais, par le fait de mon cheminement, cela faisait quelques années que nous ne l'avions plus partagé.

L'émotion était là. Mon engagement vis-à-vis du thé s'était encore intensifié et ma pratique avait évolué. Il fallait alors se redécouvrir, se retrouver, se reconnaître. Pas tout à fait différents, pas tout à fait les mêmes. J'avais un excellent Oolong que je connaissais mal pour avoir rencontré ce type de thé que peu de temps avant. J'étais ému et intimidé par la lune, l'océan, les étoiles, la statue, mon ami, le sens de ce lieu, le sens de ce thé. Et il fallait partager tout cela !

Je me préoccupais essentiellement du temps d'infusion et de ne pas mettre du sable partout quand je sentis que je faisais fausse route. Cette nuit-là il fallait aller chercher le thé ailleurs. Tant pis pour le sable, tant pis pour l'infusion. C'était dans la justesse de mon émotion qu'il fallait trouver la lumière nécessaire. Trouver le bon rapport, la juste émotion, pour faire le thé qui aurait pour lumière le reflet de la lune, pour temps de préparation le temps des vagues et pour « relief » quelques grains de sable.

Ce soir-là j'ai reçu la leçon que le thé que nous buvons est celui du moment, un moment unique, où les présences s'ajustent. Ce soir-là j'ai appris qu'un bon thé est un thé fait et bu avec sincérité et respect, avec amour. Le thé se boit aussi avec le cœur… C'était la leçon de la lune.

(La côte Atlantique)

Une rencontre dans le désert

Un homme demanda : « Où est le désert ? » Le désert lui répondit : « Il est là où tu es, tu es là où il est. » Car l'homme est partout où est le désert et le désert est partout où est l'homme, dans une interinfluence intime. « Il y a en l'homme fini des déserts infinis », m'avait dit un moine.

Je me souviens aussi d'un homme au soir de sa vie qui m'avait dit : « Dans le désert, les vents, apportés par les tempêtes, viennent bruyants et chargés de tous les maux du monde. Puis, en traversant le silence du sable, ce feu du silence, ils deviennent murmure, écho de présence, bonté et vertu. N'outrageons pas le désert où sont ensevelies, ou seront ensevelies, à jamais toutes les misères qui nous accablent. »

Oui, tous les maux du monde, par les vents cardinaux, y sont amenés pour être purifiés par un silence de sable. Lieu de lumières et de traversées, de recueillement et d'ouverture, de contemplation et d'action : lieu d'une foi physique.

C'était un samedi en fin d'après-midi. J'avais déjà passé trois heures et parcouru à pied bon nombre de kilomètres pour chercher de la menthe fraîche. Je me réjouissais au projet d'inviter un ami, dans la nuit suivante, pour partager un thé vert à la menthe et parler de la beauté des choses. Une nuit encore, *« full of quiet pleasures »*, où nous aurions tenté de percer l'obscurité en souvenir d'un ciel étoilé. J'avais tout ce dont j'avais besoin à l'exception de la menthe, et mon fournisseur habituel exceptionnellement n'était pas là.

Ce soir-là, la ville était devenue un désert où je tâchais de garder espoir. Rien, rien et encore rien. Sur le chemin du retour, et après avoir épuisé presque toutes les possibilités, je décidai de tenter ma dernière chance : une épicerie arabe.

Elle faisait un angle de rue et, bien qu'elle fût près de chez moi, je n'y étais jamais rentré. Un homme d'Afrique du Nord, grand et élégant, m'accueillit et me demanda ce qu'il pouvait faire pour moi. Je lui répondis que je cherchais de la menthe fraîche. Il parut surpris et me demanda pourquoi. Je lui expliquai, il réfléchit quelques instants dans le silence et me dit : « Restez ici, je vais voir ce que je peux faire. » Il disparut par une porte dérobée et je ne le revis plus pendant quelques longues minutes. Que pouvait-il bien faire ? C'était si long.

Il revint enfin, l'air heureux, avec une grosse botte de menthe enroulée dans un papier journal. « Voilà ! » me dit-il en me tendant le tout. Je le remerciai et lui demandai combien je lui devais. « Rien. Vous ne me devez rien. Je n'en vends pas. Ceci est ma part que j'ai partagée en deux. » En me disant cela, je revois son sourire que seul l'adjectif « lumineux » peut évoquer.

C'était la première fois que je rencontrais cet homme, et la dernière. J'appris que, malgré son jeune âge, il était mort de maladie peu de temps après.

Je ne lui ai jamais rien acheté. Je n'ai jamais été son client, il n'a jamais été mon épicier. Et cet homme a partagé avec moi sa menthe. Il aurait pu la garder, et en aurait eu un peu plus pour la fin de la semaine, mais il préféra donner sans rien attendre en retour. Comme une semence.

Je salue sa mémoire et suis reconnaissant de son geste. Ce jour-là nous étions bel et bien dans le désert puisqu'il y avait deux hommes pour le faire vivre et y habiter.

(Le désert)

Une communauté de partage

Lors de mon service militaire j'avais décidé de prendre du recul par rapport au thé, de vivre ce temps-là comme une retraite. Je me préparais juste quelques horribles liqueurs qui avaient pour seule mission de répéter quelques gammes de saveurs mais surtout pas de me séduire.

Et puis voici qu'un appelé découvrit mes agissements et s'en intrigua, puis un deuxième, puis un troisième. N'oubliant pas la loi sacrée de l'hospitalité du désert – offrir une tasse de thé –, je ne pouvais pas décemment leur proposer de boire cela. Je ramenais donc deux ou trois bons thés d'une de mes permissions. Puis, tous les soirs, venaient dans ma chambre de nouveaux appelés informés de cela, je ne sais comment, et que, pour la plupart, je ne connaissais pas avant. Les demandes se faisaient pressantes, insistantes. À chaque permission je ramenais d'autres thés.

La fin de l'histoire est celle-ci : il arrivait que je fasse du thé à quarante appelés en une soirée. Ils venaient par roulement car je ne possédais, par choix, que quatre tasses. J'avais une bonne quarantaine de thés différents qui occupaient trois armoires : deux armoires avaient été prêtées par des appelés et la mienne ne pouvait plus contenir mes uniformes et mes autres affaires militaires. J'avais même dû confectionner une grande malle en bois contenant le matériel nécessaire pour faire du thé. Les habitués n'appréciaient plus que des thés pourtant difficiles d'approche.

Il y eut là, véritablement, un rite du thé. J'étais toujours frappé de voir comment, sans que personne ne l'ait décidé, tout le monde respectait des règles de respect et de bienveillance : les habitués par rapport aux nouveaux, les différents contingents entre eux, etc. Ils passaient au-delà des règles strictes de cette caserne, quelquefois en se rendant passibles de sanctions, pour créer une communauté de partage. Toute communauté ne doit-elle pas être fondée sur un partage, dotée de règles également mais tacites et justes ? La qualité des conversations était, par je ne sais quelle magie, intense et émouvante. Tous niveaux sociaux confondus, tous passés confondus, un sentiment de liberté saisissant nous gagnait. À tel point qu'un soir, vers une heure du matin, un compagnon du thé qui avait sa chambre au bout du couloir m'offrit ce beau lapsus : « Il est tard maintenant, il faut que je rentre à la caserne. » Formellement, il y était déjà.

(Face à la caserne)

La méditation est un geste

On m'offrit d'aller cultiver des champs, avec des amis, tout un hiver. Des heures matinales cristallines jusqu'à la tombée de la nuit, de ces nuits qui ont le poids d'un manteau humide.

C'est durant cette saison qu'un homme peu ordinaire, un Irlandais, m'initia à la pratique de la bêche. Je connaissais déjà, pour avoir été quelque temps un humble fossoyeur, l'art de la pelle, un peu de maçonnerie et les techniques élémentaires pour déplacer de lourds blocs de marbre. Mais le bêchage, c'est tout autre chose.

On retourne avec ordre et progressivement la terre sur plusieurs centimètres afin qu'elle se prépare au printemps. En effleurant un peu de son secret on voit son mystère resplendir. Du sol gelé, sa consistance et sa texture viennent à changer. D'une couleur elle en prend cent et s'enrichit de toute une gamme de nuances, de reflets. Elle redevient terre vierge où le pas de l'homme se marque et ne peut se faire discret. Elle exhale les parfums féminins de son corps nu attendant le printemps. On sent la terre prête à se réveiller avec douceur et ardeur.

Et nous, avec notre bêche, nous sommes là, fervents compagnons. Tout comme la pelle, la bêche demande un geste précis. À celui qui dédaigne la nécessité d'apprendre et de reconnaître ou à celui qui se suffit de gestes approximatifs viendront l'essoufflement, la fatigue et le mal-être. Quant à la terre, violentée ainsi…

Non, l'effort doit être régulier et le geste léger, sans pesanteur. Le corps suit la bêche et c'est lui-même qui fend le sol. C'est alors une question de rythme, de respiration. Non seulement lorsque l'on trouve son rythme le travail se fait sans violence et sans épuisement (comme une source jamais ne tarit) mais, en plus, ce geste répété avec justesse et ce corps sans tension en accord avec ce qui l'entoure vous mettent dans un autre état. Votre rapport au temps change. Vous faites partie de ce que vous faites et ce que vous faites donne de l'amour.

Dans les premières minutes, je bêche avec ma tête : par où commencer ? Combien de temps cela va me prendre ? Ne fait-il pas plus froid qu'hier (et je m'imagine déjà le soir, au chaud) ? Quel était ce geste que j'avais trouvé l'autre fois ? Je ne trouve rien et n'aboutis à rien. Puis rapidement viennent les crampes et le souffle se fait difficile, car pendant que je bêchais avec ma tête mes mains ont mal tenu le manche, les épaules ont trop forcé et mon rythme fut incohérent et trop pressé : je bêche alors avec mes muscles.

Je demande plus ou moins inconsciemment : « N'y a-t-il pas un accord ? » ; « Puis-je bêcher sans mes soucis et mes douleurs ? » ; « Puis-je demeurer entre deux secondes, dans cet intervalle éternel qui se loge entre deux discontinuités ? » C'est plus ou moins inconsciemment que je me dis cela car les appels ne viennent pas de ma tête.

Puis d'un seul coup, je réalise avec ma tête et avec mes muscles que je bêche depuis longtemps. Sans fatigue, sans soucis… Heureux et nourri, la présence ajustée.

Depuis, lorsque je bois mon thé, souvent je revis cette expérience, chaque coup de bêche étant une légère gorgée.

Je cherche mon rythme et retrouve cette même qualité d'être. Une goutte de la mer ayant le même goût que la mer, car elle est contenue dedans et réciproquement, je bois mon thé par petites gorgées. Cela augmente le nombre de coups de bêche et me permet de trouver mon rythme puis de le moduler. Et, lorsque j'ai dépassé la phase où je bois avec la tête (quel est ce thé ? d'où vient-il ? c'est curieux il n'a pas le même goût que l'autre fois… j'en ai un autre meilleur…), puis celle où je bois avec mon corps, il m'en reste assez pour être et durer. À chaque petite gorgée, je regarde amoureusement ce qui change en moi et autour de moi. Je savoure.

« Cette technique, disait mon ami irlandais en souriant, c'est la bêche méditative. » Et qu'est-ce que c'est ? Une théorie ? Non, c'est une pratique. La bêche méditative, c'est pratiquer le bêchage avec justesse, pleinement : c'est, tout simplement, bêcher.

(Au centre du champ)

Troisième partie
Évoquer la cérémonie

Les Maîtres de thé et l'esprit

Dans notre vie de tous les jours nos relations s'engagent selon divers modes. Un des plus usuels est celui de l'obéissance.

L'obéissance n'est pas unilatérale, et ce quoi qu'en disent pour se défendre les exécutants. Elle se demande et se donne. On ordonne et on exécute.

Ces mécanismes sont anciens et archaïques : la peur, l'intérêt, le mensonge, la tromperie, l'abêtissement… On obéit pour être obéi maintenant ou après. « Si je n'obéis pas à mon chef, ceux qui sont "en dessous" de moi ne m'obéiront pas non plus. » Ou bien : « J'obéis mais un jour ce sera à moi de commander… et ils verront. »

Les règles sont simples : je te « respecte » si tu m'obéis, sinon je ne te reconnais pas. Comme le père disant à son fils : « Je n'aime pas les garçons pas sages. » L'enfant sait alors ce qu'il lui reste à faire pour être aimé… Mais l'amour et le respect ne tirent-ils pas leur force de la « liberté » ? Et ces règles font naître, chez celui qui est obéi, orgueil, mépris, abus et déraison.

Si nous retirions l'argent, les armes ou le poids des « traditions » aux petits et grands chefs… combien seraient encore suivis ?

L'obéissance impose un rapport de supériorité et d'infériorité. Elle impose des relations humaines standard, normalisées et préétablies. Mais plus nous construisons une société habitée de standards, moins elle est habitable. Une moyenne faite sur cinq millions de personnes ne correspond peut-être qu'à cinq personnes. Personne n'est une moyenne stricte, et les moyennes censées correspondre à tout le monde ne correspondent à personne en particulier. Le standard est là pour devenir l'unique référence et exclure la diversité. Il permet de simplifier la consommation, nos comportements, nos désirs, afin de produire massivement, industriellement. Ainsi nous allons vers une monopolisation qui ne donne la parole qu'aux grandes armées. Rejetons les divisions mais aimons les différences qui sont autant de richesses.

Nos relations doivent s'engager d'égal à égal, non parce que nous sommes tous « égalisés » mais, bien au contraire, parce que nous sommes tous uniques.

Le Maître de thé n'est pas supérieur à son disciple et leurs relations sont respectueuses, pleines d'amour, de bienveillance et sans dépendance, car elles s'adressent, contrairement à l'obéissance, à l'esprit.

Mais qu'est-ce que l'esprit ? Il n'a pas à être confondu avec l'intellect. L'esprit se ressent, se partage, se rencontre. Il ne s'explique pas, il se vit. Il ne se définit pas, il se dépasse infiniment. Lorsque nous sommes avec nos semblables, adressons-nous à l'esprit. Vivons dans le respect.

Certains ne croient pas en l'esprit de l'homme, ne croient pas qu'il puisse y avoir un esprit autre que le leur ou bien, par peur, ne préfèrent pas s'adresser à l'esprit. Ils s'occuperont alors à organiser les relations d'une seule et même manière, évitant tout recours à l'esprit. Cela devient un système : on obéit parce que « c'est comme ça », parce que cela a toujours été comme ça, parce qu'il n'y a pas de choix ou parce que c'est le monsieur avec l'étrange bâton qui l'a dit…

Mais c'est de l'esprit dont nous devons nous entretenir durant notre si courte vie. Il nous réveillera, il nous ouvrira les yeux, il nous guidera. Quelle illusion tient face à la mort, à la vie, à l'amour, à la joie ?... Quelle illusion tient face à l'être ?

Dans notre vie de tous les jours, ne tentons rien contre l'esprit. Laissons-lui la possibilité de jaillir encore et toujours. N'ayons pas peur de lui.

De grands Maîtres de thé ont su s'opposer en leur temps aux militaires, aux hommes de cour ou aux marchands lorsque c'était nécessaire, lorsqu'ils tentaient de porter atteinte à l'esprit. Ils ont parfois pris des risques qui mènent à la pauvreté. Mais la pauvreté n'est pas une infamie, contrairement au mensonge, à l'égoïsme, à la lâcheté et à quelques compromissions. Certains de ces Maîtres furent tués ou acculés au suicide. Ont-ils « perdu », ont-ils « gagné » ? Le gagnant est-il le dernier qui reste en vie ? C'est une autre question...

Ils nous invitent à la sincérité, au respect, à la conscience, au courage et à l'espoir. Certains d'entre nous les disent « libres » car ils ont refusé de s'assujettir et d'obéir à la machine à emboutir. Sont-ils « libres » parce qu'ils ont refusé de s'assujettir ou ont-ils refusé parce qu'ils étaient « libres » ? C'est également une autre question...

Quoi qu'il en soit, toute leur vie, personne n'a pu les tenir éloignés de l'esprit. Toute leur vie « ils ont été eux »... Mais, évidemment, quoi de plus naturel qu'être soi...

Ces rapports humains qui ont été ceux des Maîtres s'épanouissent dans la lumière de la sincérité, du refus du mensonge, de la non-obéissance à la peur, à l'ignorance et au mépris. Leur révolte est celle de l'Essence et, face à la barbarie de la répression ou des lâchetés complices, les Maîtres opposent la justesse.

Ils ont laissé leur enseignement en divers lieux. Tout d'abord, leurs principes sont bien plus exprimés par leur vie que par leur discours. En effet, la Voie étant la vie de tous les jours, c'est par leur vie qu'ils témoignent et qu'ils proposent.

Bien sûr il y a aussi la cérémonie. Arrêtons nos agitations vaines, qui ont pour seul but de nous détourner de nos questions, et admirons cette petite fleur. Pourquoi celle-ci alors que le jardin, alors que la région, le pays ou la terre en contiennent tant ? Regardons cette fleur parce qu'elle se trouve devant nous ici et maintenant. Contemplons-la avec justesse et nous y trouverons alors le tout et, plus encore, un sourire.

La cérémonie nous offre ceci : arrêtons-nous un instant sur notre façon de boire le thé. Comment ouvrons-nous une boîte de thé ? Comment préparons-nous une théière ? Comment nous préparons-nous à boire un thé ? Que ressentons-nous alors ? Que sommes-nous capables de donner à nos invités ? Avons-nous le courage de saisir ce qui nous est offert ? Ouvrons notre conscience sur cela et nous nous mettrons en accord avec le tout… dans un généreux sourire.

Oui, mais pourquoi par la cérémonie du thé ? Parce qu'elle est ici et maintenant.

(Lisbonne-Porto)

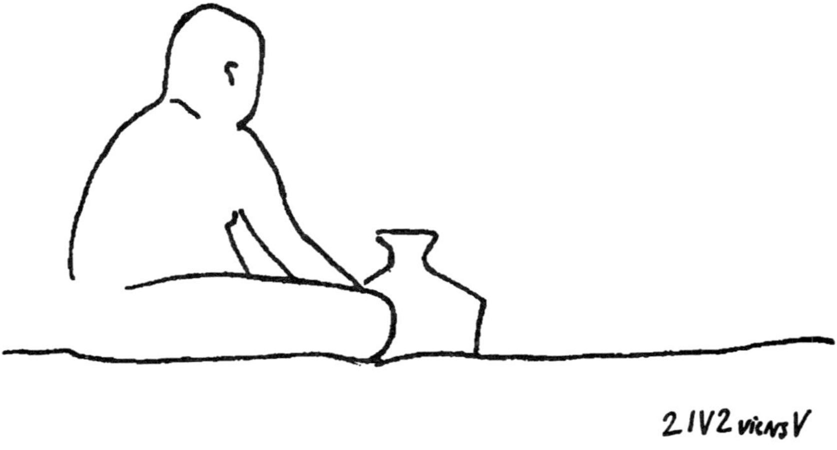

La cérémonie du thé au premier degré

La cérémonie du thé a la valeur d'un souffle dans la journée, dans nos vies. En pratiquant la cérémonie du thé, il ne s'agit pas de créer du « fond » ou des concepts mais de créer une « forme », un espace dans lequel on peut garder, préserver, transmettre et faire évoluer du « fond ». La cérémonie est un véhicule du fond et lui donne un mouvement en nous, entre les personnes et dans le temps.

Elle ne nous propose ni une chorégraphie de gestes ni une curiosité exotique ou intellectuelle, mais une initiation symbolique et une expérience personnelle de soi et des autres.

Elle appelle la vie, plaît ou dérange, construit son échelle de temps, son espace, son ambiance, pour que nous l'habitions.

Elle n'est ni unilatérale ni hors de la vie La vie est « accident » comme la goutte de vernis qui coule sur une tasse pas encore cuite, comme la feuille d'un arbre qui peut tomber à tout moment. Contrairement à la mort qui parfait, rigidifie et fige, la vie est une énergie d'instabilité, de changements permanents. Et ce même si cette énergie d'instabilité apporte le véritable équilibre (comme deux plateaux d'une balance en mouvement et s'équilibrant) et que les changements permanents forment un continu. La cérémonie du thé est vie.

La cérémonie du thé nous permet d'avoir accès à l'expérience, d'intérioriser puis de cultiver des valeurs nourrissantes pour notre humanité. Elle nous sensibilise et nous demande de travailler divers aspects de nous-mêmes tels que notre tenue, notre conduite (qui pourrait être une « tenue en mouvement »), notre attitude et notre qualité de présence, notre disponibilité… en fait toute une prise de conscience sur la vie : un éveil. Dans cette aventure, qui n'est autre que l'aventure humaine, rien n'est foncièrement difficile ni foncièrement facile. De même, rien n'est exceptionnel puisque nous portons déjà tout cela en nous. Pratiquer développe des accointances avec certains modes de vie, certains esthétismes et une soif sans cesse grandissante de libération, d'authenticité et de partage. Il est vrai que l'homme qui pratique le thé a soif... Et cela, tant que cela reste au niveau des mots, n'est encore rien. Il faut franchir le seuil, lui faire franchir le seuil et avoir accès à l'expérience.

Ce chapitre n'est, peut-être contre ses apparences, ni une définition ni une explication. Ce sont juste quelques écrits sur la cérémonie du thé au premier degré. Au deuxième degré, tout cela est faux. Au troisième degré, tout cela est à la fois faux et vrai. Quant au quatrième, au cinquième et aux suivants... Pourquoi ces différences ? Car la cérémonie est une pratique et non un texte. Tous les livres du monde que vous pourrez lire sur ce sujet ne vous apporteront pas le cheminement de la pratique et ce que vous y rencontrerez. Beaucoup des mots de ce livre sont laissés avec plusieurs sens de lecture. Peut-être pour certains est-ce évident et peut-être est-ce moins évident pour d'autres. Qu'importe, aucun de ces sens n'est faux ou inférieur. Ils sont tous indispensables à leur place. La septième marche d'un escalier est-elle plus importante que la première ? Non. Peut-être me reprocherez-vous alors de préférer, par ce choix, un certain flou, une certaine « inexactitude ». Mais la précision est-elle un but en soi, et quelle précision sur une école du geste comptez-vous obtenir au travers d'un texte ? Pratiquez, tout est là, rien n'est caché.

Tel le premier barreau de l'échelle qui n'est ni l'échelle ni l'ascension... mais qui toutefois contribue un peu, et à sa juste part, à tout cela. Voilà, c'était un texte au premier degré, mais n'oublions pas que le terme « degré » signifie également une marche d'escalier, une transition, un acheminement...

(Berne)

Le geste est une fratrie

Ce matin je me suis préparé une tasse de thé. Cela m'a pris deux heures car, geste après geste, je dégustais le fait d'être ici et maintenant. Par la vitre, encore éblouie de rosée, j'assistais à l'accomplissement de la promesse faite par la lumière : son retour. L'oiseau quelque part dans un arbre, je ne sais où mais près de moi, annonçait la venue de l'hiver. Je pensais alors, en réalité de l'instant, au givre, au froid, à la brume, au feu dans la cheminée, aux conversations nocturnes avec mon ami (en cette saison le royaume de la nuit est si grand) et à mes promenades matinales arpentant un sol nu et gelé.

L'eau bruissait discrètement et, de ma tasse de thé, s'exhalaient quelques vapeurs parfumées. De ce thé j'ai saisi tant de choses qui ne m'apparaissaient pas d'habitude, ou pas avec autant d'intensité. J'en ai aimé les moindres nuances, j'en ai admiré les moindres reflets.

En buvant cette tasse de thé, je bois aussi, et l'incorpore en moi dans le sens de la possession, le soleil sous lequel il a poussé, le fleuve avec lequel il a été abreuvé, le sol qui l'a porté et les mains de femmes qui l'ont cueilli. J'ai tout cela dans mon corps.

Ce matin rien ne va. Le chien du voisin a encore aboyé toute la nuit et, épuisé par ces heures de mauvais sommeil, je n'ai pas entendu le réveil sonner. En retard, je suis très en retard. Je devrais déjà être sur la route. Pour le petit déjeuner, une tasse de thé, infusé trop longtemps (j'étais sous la douche) et avalé avec un lance-pierre : d'une seule gorgée.

Ces deux tasses de thé sont-elles les mêmes ? Ai-je bu le même thé ? Non, car dans un cas j'étais éveillé, attentif, et dans le deuxième cas j'étais fatigué, énervé par le passé (le chien, la nuit) et préoccupé du futur (la route à prendre). Pourtant il a fallu le même soleil, le même fleuve, le même sol pour que le thé parvienne jusqu'à moi. Je possède pareillement tout cela puisque j'ai bu ces deux tasses…

Non, car on ne possède rien. Il y a l'être et l'avoir. Cela n'a rien à voir. « Avoir » n'existe pas car il n'est pas, de même qu'il ne peut durer (c'est-à-dire être dans le temps). « Avoir », « ça a » mais « ça n'est pas ». Quant à nous, qu'avons-nous ? N'avons-nous que ce que l'on nous a donné ? Pour combien de temps puisque l'avoir ne peut durer ? Peut-être n'avons-nous que l'illusion de posséder… et encore pas complètement.

Ces questions peuvent être nécessaires mais ne doivent pas guider, obséder ou empiéter sur l'être, car cela n'a rien à voir. On naît, on vit, on meurt, on est heureux, malheureux, amoureux, léger ou grave (etc.) avec « être ». On perçoit avec « être ». Nous parlons donc au verbe être car c'est cela qui nous intéresse ici.

On ne possède pas le thé que l'on vient de boire, ni le soleil qui l'a fait poussé. Tout au plus cela ne fait que passer (rentrer et sortir) sous des formes différentes. Il en est de même pour nous qui ne faisons que passer sous diverses formes, avec différents rythmes. Ce sont des histoires de rencontres, de cheminement, de partage…

Quelle est donc la différence entre ces deux tasses de thé ? La prise de conscience. Nous sommes bien dans l'« être », car voici la clef de la présence, de l'existence : la conscience, l'éveil, l'attention…

Si je bois une délicieuse tasse de ce Yunnan moelleux et intense pour me rappeler cette discussion ressourçante avec un ami l'autre soir, que se passe-t-il ? Je ne bois ni mon ami ni l'autre soir. Simplement je crée un lien, une fratrie, au-delà du temps et des distances, avec tous les autres hommes qui boivent une tasse de thé avec la même conscience.

Si je bois un verre de banyuls pour retrouver ce soleil et cette terre que j'aime, je ne les bois pas, je ne peux pas les posséder, mais je crée un lien avec tous les hommes qui boivent un verre de banyuls avec ce même amour.

Les gestes n'ont pas de valeur en eux-mêmes. Il n'y a pas plus de hiérarchie des gestes que de gestes nobles ou roturiers. Acheter du pain, ranger sa maison, n'est pas moins noble que prier ou serrer la main d'un homme célèbre. Ce qui fait la différence, ce qui donne une valeur, une couleur au geste, c'est la conscience, la sincérité, la ferveur que l'on y met. Un geste gentil sincèrement mais maladroit reste un geste gentil. Un geste à l'apparence gentille mais non sincère n'est pas un geste gentil.

Faire son thé avec amour, c'est remercier la vie. Réciter un formulaire déjà préparé « qui-remercie-la-vie » à une heure précise (car c'est l'heure où il faut le faire) et sans y mettre son cœur, ce n'est pas remercier la vie. L'homme qui aime dans le désert fait du désert une cathédrale. Une cathédrale ne fait pas d'un homme aux pensées mauvaises un saint.

C'est très souvent la recherche de la possession, symbolique ou physique, de quelqu'un ou de quelque chose qui nous fait décevoir l'espoir. C'est en vain, car au bout du compte nous ne posséderons pas ce que nous voulions et nous nous serons attaché, par ce lien, la compagnie de tous ceux qui ont fait de même avec la même attention. Nous ne possédons pas quelqu'un en le brisant, mais nous rejoignons tous ceux qui ont brisé une personne avec la volonté de la posséder. Entre le respect et l'irrespect, celui qui est méritant de l'espoir et celui qui ne l'est pas, il y a des murs infranchissables ici et maintenant. La valeur se fait à la lumière de la sincérité de la conscience, de l'éveil, de l'attention, et non de ce qui nous arrange.

(Colombo)

La cérémonie du thé est une école du geste

L'humanité a ses écoles, car c'est toujours à l'âge de l'apprentissage que nous en sommes. Et « les hommes apprenant aux autres hommes », disait un homme...

J'ai fréquenté plusieurs écoles. J'ai connu celle de la parole, celle de l'écrit et celle du geste. Et c'est l'école du geste qui m'a le plus offert.

Apprendre par le geste. Voilà certainement un des premiers langages, un des plus universels. Le geste ne s'adresse pas en premier au « raisonnement », comme le déchiffrage de mots composés de lettres qui, dans leur ensemble, figurent quelque chose. Le geste ne s'adresse pas non plus en premier à l'émotivité, comme peut le faire la parole, car il laisse un temps avant de recourir à sa propre émotion et de la préparer « juste ».

Le geste s'apprend et se répète parce que l'on y croit, ou parce que l'on croit en l'homme qui nous l'apprend. C'est un moment d'intuition, de trouble, de questionnement. Puis on sort du mimétisme et on le perfectionne... Vient alors l'esprit. Le geste nous met en position du « ressentir », de l'expérience par nos sens. Le geste est pratique et non théorie. Voilà une des causes pourquoi la cérémonie du thé se vit et ne s'explique pas. Les messages du geste ne peuvent être expliqués ou mis sous forme de mots. C'est pour cela que je me trouve dans la position du muet qui tente de raconter le rêve qu'il a fait. Je ne fais qu'évoquer et inviter.

Toutes ces écoles sont importantes et ne sont pas exclusives. Si elles sont véritables, aucune n'est inférieure ou supérieure. Il n'y a pas qualitativement une petite ou une grande école. Un message n'est pas juste parce qu'il est majoritaire ou minoritaire. Un message n'est pas juste parce qu'il vient de la nuit des temps ou parce qu'il en a toujours été ainsi. Chaque école possède la même part de vérité, mais le chemin qu'elles empruntent pour y arriver diffère. À nous de choisir l'école qui nous convient le mieux.

(Guwahati)

Les gestes de la cérémonie

Lorsque l'on pratique la cérémonie du thé, souvent il sort de nous un élan premier qui nous mène à la rigidité : tout faire dans les règles, comme avant. Cet élan premier est un bon cheval mais un mauvais cavalier. Voilà une énergie louable mais un piètre tyran. Il parle pour ne pas écouter les autres. Il ne laisse pas une seconde de silence car il ne veut pas perdre le « contrôle » du bruit. Le bruit est en sa faveur, l'occupation de l'espace sonore est son sceptre, pense-t-il. Mais bien impuissant, bien fragile est celui qui, n'ayant idée de l'autorité, devient autoritaire.

Cet élan premier a tort. On ne peut faire comme avant, car il n'y a ni normalité ni habitude, puisque cet instant n'était pas connu de nous auparavant. Écoutons sa « sonnence » (veuillez accepter ce néologisme entre sonorité, semence et résonance), recevons sa couleur. Rendons-nous disponibles et, de là, positionnons-nous et évoluons avec l'harmonie.

Rechercher la rigidité, c'est nier l'imprévu lorsqu'il arrive. Acceptons l'eau renversée ou la tasse tombée. Puisqu'elle est là, alors faisons preuve d'attention à son égard. « Soit ! Partons de là. » La cérémonie nous apprend à saisir, à nous adapter, à lire et à déchiffrer. L'imprévu, l'accident, est une partie intégrante de la cérémonie : il est doué d'une volonté indépendante et s'est logé ici sans demander notre avis. L'« embardée fortuite » est une voie et la virtuosité est une forme de rigidité. Soyons humbles, comment pourrait-il en être autrement ?

La cérémonie est un lieu où l'on apprend, où l'on reçoit, où l'on partage. Il n'y a rien à démontrer. Il suffit de pratiquer. La cérémonie n'est rien en elle-même. Seule l'énergie de la pratique donne un sens. La cérémonie appelle, consolide, épouse les évolutions. Sa mise en pratique a l'immense puissance d'un petit pas fait chaque jour, sans relâche, et la vulnérabilité d'une remise en question quotidienne. Quoi qu'il en soit, pratiquée ou non, son existence demeure mais sa révélation nous incombe et ne sème que si elle est partagée. Quand bien même elle cesserait, avec une vie humaine, elle aurait été réalité personnelle quelques brèves années. Très relative, très belle.

Avec la cérémonie, on met en pratique, on se met en pratique : un lieu, une rencontre, une fois, une liberté d'être là, un respect de laisser les choses se dérouler, sans les retenir ou les agresser, une joie d'accueillir l'instant comme il est et comme il vient, d'apporter son travail, sa présence, avec des réponses et des questions qui nous concernent.

Dans une cérémonie les règles ne sont pas des contraintes et l'ensemble n'est pas un système. Il y a des gestes qui, lorsqu'ils sont faits avec justesse, nous demandent d'éprouver par nous-mêmes des sensations, des questions, des états, une recherche. Ressentir simplement, sous forme de réalité personnelle, l'importance du geste d'aujourd'hui, du pas d'aujourd'hui. Ces règles sont des « justes valeurs », des couleurs, des repères au présent. Mais elles sont aussi gardiennes. Certains gestes sont comme des petites portes qui refusent l'entrée à l'homme orgueilleux qui ne baisse pas la tête. Certains gestes sont tellement simples qu'ils n'intéressent que les humbles. Certains gestes ont une valeur apparemment tellement pratique qu'ils protègent un son cristallin des oreilles qui ne pourraient pas l'entendre.

Dans la cérémonie il n'y a pas de secret. Tout est là. Rien n'est caché. Tout est présent comme l'instant présent. Il n'y a pas plus ni moins de vérité. Juste une tradition, un esprit de relations, un choix profond de certains gestes, un engagement, une vue humaine sur la vie, une conscience d'incarnation, une façon d'être présent. « Se tenir au cœur des choses et se mettre au cours des choses à chaque instant. » Voilà un effort qui est en lui-même une récompense. Une quête dont l'important est d'aller et non d'arriver, le chemin et non le but. La cérémonie est mouvement, quête et équilibre. L'équilibre ne signifie pas s'immobiliser, se figer. L'équilibre est ce « juste mouvement » : inspirer et expirer.

Une cérémonie demande avant tout d'abandonner, de rendre, et non d'amener. Faire la part des choses et, bien au-delà, rendre ce que l'on pense être à soi car on est soi, mais rien n'est à soi. Vouloir prendre, s'approprier quelque chose, c'est voir avec un intérêt. Comment le verre se remplirait-il s'il arrive à la source déjà plein ? L'homme ne trouvera rien, s'agacera de gestes sans valeur (« C'est seulement ça ? » dira-t-il) ou les singera comme l'idiot qui, lorsque le sage désigne la lune du doigt, regarde ce dernier et non la lune. Dans cette attitude il n'y a rien de bien car il manque l'essentiel : la prise de conscience.

Si je suis désintéressé et que je viens à la cérémonie, alors là, peut-être, je serai aidé sur ma voie. Avec cette sincérité viendra mon éveil. Et la cérémonie sera témoignage, semence, remerciement.

(Bruxelles)

Un travail sur le temps

La cérémonie du thé nécessite un très grand travail sur soi. Ce « soi » n'est pas narcissique, se présentant comme abouti, mais porteur de la condition humaine. Une condition humaine qui s'incarne et ne se subit pas.

Un des travaux premiers que nous demande la cérémonie est un travail sur le temps.

Le temps n'est pas un, homogène et global. Il se rencontre en divers endroits et à diverses hauteurs. La cérémonie s'inscrit dans la tradition, dans notre vie, dans la saison, dans le jour, dans la minute, dans la seconde, dans la durée de mon souffle immédiat. Or, parfois, il nous arrive de la « précipiter », de la « pousser » ou au contraire de la « retenir ». Voici quelques exemples.

Je suis pressé, je me dépêche de finir la cérémonie car j'ai peur d'être dérangé. Je la pousse, je trébuche, je rate des gestes, je n'ai pas l'esprit.

Aujourd'hui cette cérémonie marque le commencement d'un nouveau temps. Je suis heureux, impatient. Je la précipite car j'ai hâte d'être dans cette nouvelle ère.

Aujourd'hui cette cérémonie marque la fin d'un temps. J'y étais heureux, j'ai un peu peur de ce qui m'attend, j'appréhende. Je retiens la cérémonie pour rester quelques instant de plus dans cette époque connue.

Il y a quelques minutes j'ai manqué un geste. J'y pense toujours, cela me préoccupe. Je ne l'ai pas laissé là où il était, c'est-à-dire dans le passé, je le porte toujours. Je ne suis pas dans ce que je fais maintenant. J'étais encore avec mon premier geste manqué quand, par manque de présence, survint le second.

Ces quatre exemples, non exhaustifs, ont pour point commun l'absence au présent ou, au moins, une réticence au présent.

Chaque cérémonie est pour nous la dernière. Cela ne signifie pas : « Vivons chaque cérémonie comme si c'était la dernière. » Ceci est une spéculation de l'intellect qui n'est pas fausse mais qui passe difficilement de la théorie à la pratique. Le « comme si » est en trop. Accordons-nous à la pratique, puisque dans la cérémonie tel est notre propos, et voyons… En effet, chaque cérémonie est notre dernière. Lorsque nous pratiquons, nous ne pouvons dire : « Celle-ci, en ce moment, est mon avant-dernière. »

Ce travail premier n'est pas évident. La cérémonie nous demande de le vivre, et non juste d'y penser. Elle nous demande d'avoir une expérience sans cesse renouvelée d'un lâcher-prise.

« Lâcher prise », certains l'entendent négativement et après un « Oh ! là ! là ! C'était donc pour en arriver là… » ou un « J'en étais sûr » s'arrêtent net et se ferment. Qu'avez-vous entendu qui vous a fait peur ? N'utilisez-vous pas vos peurs comme un ivrogne un lampadaire : non pour s'éclairer mais pour s'appuyer ? N'est-ce pas là le prétexte de votre fermeture, dans la vie de tous les jours, sur le monde ? Qu'est-ce qui peut bien vous retenir ? La peur de vous-même ou de ne plus maîtriser ce que vous pensez maîtriser ?

D'autres entendent cela et sont ravis. Cela fait écho, comme une confirmation, à je ne sais quel son initial rassurant et conciliant avec l'inconciliable. Lâcher prise n'est pas une incitation à se lâcher mais plutôt à se retrouver dans sa définition la plus essentielle, la plus irréductible : être. Être par l'être et non être par quelque chose ou quelque image.

Revoyons cela par la cérémonie du thé. Précipiter une cérémonie ne veut pas dire aller vite, de même que la retenir ne signifie pas aller lentement. C'est être sorti du juste rapport au temps car on a des réticences au présent.

Comment trouver son juste rapport au temps ? N'oublions pas que la source du temps c'est le rythme : inspirer et expirer. Après avoir couru, serait-il juste d'avoir la même respiration que durant notre sommeil ? Et réciproquement ? Notre corps demande une respiration appropriée, sinon il s'asphyxie. C'est ainsi que nous devons nous laisser nous accorder au temps, qui est rythme, en toute confiance et avec notre force d'être. Pour vivre le rythme, appuyons-nous sur la lumière.

(Perpignan)

Maîtrise : ambition et humilité

N'oublions pas ceci : on n'invite pas quelqu'un à une cérémonie pour l'impressionner. On n'instaure pas un rapport d'« écrasement » ou d'« intimidation » avec celui que l'on prétend accueillir. De toute façon, clairement, la cérémonie du thé ne se prête pas à cela et ne peut être harmonieuse dans ces conditions.

Il faut, dès maintenant, chasser un éventuel malentendu au sujet de la « maîtrise ». La maîtrise n'a rien d'un autoritarisme. On ne maîtrise pas l'« animal » en lui coupant les pattes mais en vivant dans une relation respectueuse et libre. Mais qui est cet animal ? Est-ce la cérémonie ? Non. Le travail de la cérémonie n'est pas celui de la maîtriser mais de se maîtriser soi. Et se maîtriser, je le répète, ne consiste pas à se plaquer au sol, les mains attachées dans le dos et bâillonné... Ce qui, du reste, est assez difficile à faire tout seul.

La maîtrise ne quitte jamais les voies de l'humilité et ne se laisse approcher que lorsque l'on s'est débarrassé de l'orgueil. Cet orgueil initial qui nous motive à « faire pour réussir », rien à blâmer s'il reste au stade initial. Après cela, apprenons à lui préférer l'ambition. Il faudrait vivre dans l'union de l'ambition et de l'humilité qui, loin d'être opposées, nous révèlent la riche pauvreté, la vulnérabilité invulnérable, la liberté d'autant plus inaliénable que l'on tente de l'aliéner, l'infini de l'homme né de nos limites dérisoires. « La mort n'est pas devant, elle est derrière nous. » Elle est portée par celui qui ignore, méprise, sommeille. Celui qui construit un égoïsme, même partagé, est quelque part responsable de l'empire des souffrances qui accable ce monde, notre monde. Être un homme, ne pas décevoir l'espoir, c'est une ambition. Le semeur est ambitieux, celui qui ouvre sa table aussi. Vouloir être le meilleur est orgueilleux. Fuir sa vie, dans le « divertissement » ou la paresse, et penser qu'on n'en subira pas les conséquences, c'est également être orgueilleux.

Bien sûr cela est clair pour ceux qui pratiquent avec justesse humilité et ambition. Il n'était pas même nécessaire d'en parler car admettre sa vulnérabilité, pour y rechercher l'invulnérabilité qu'elle abrite, c'est le meilleur moyen de se condamner à ne jamais l'atteindre. Faire quelque chose avec intérêt, c'est échouer, c'est passer à côté. Il y a là une « condition de sincérité » exigeante et incontournable. La flèche atteint le cœur de la cible lorsqu'on la laisse y aller, lorsque l'on se débarrasse de son orgueil qui condamne le présent à servir le futur : « Je le fais pour avoir la réussite… »

On ne pratique pas la cérémonie pour la réussir mais pour se vivre en harmonie : se libérer. Vous voyez, il n'y a là rien de nouveau, mais c'est tellement important qu'on peut bien le répéter, et se le répéter, à chaque instant. C'est vraiment un problème de mots : « ambition », « maîtrise »… Ce sont des mots que l'on entend tellement pour accompagner des propos si différents… et parfois absolument orgueilleux, brutaux, tristes et bêtes. Si nous avons des préjugés nous ne pourrons être libérés ici et maintenant.

De plus je vous assure que ces problèmes de sens que nous pouvons rencontrer, dans ce cas, sont inexistants en pratique, lorsqu'on l'expérimente gestuellement. Cet exemple me redonne l'occasion d'insister sur ce point. Restons conscients que nous ne cherchons pas ici à fonder une théorie, un système ou une institution qui, pour dominer, méprise les domaines d'application où il s'applique peu ou prou. Nous sommes ici dans l'évocation, l'invitation et les dits de cheminement.

Remplacez le mot ambition par celui que vous désirez, mais ayez ce geste juste, cet état d'éveil, et partagez-les avec qui le souhaite.

(Montreuil-sur-Mer)

Les objets de cérémonie

Qu'est-ce qu'un objet de cérémonie ? Est-ce un objet différent des autres ?

Il y a quelque temps, en Asie, les tenants des classes sociales dominantes ne se servaient que de pièces rares et très chères. La course était engagée à celui qui aurait le service le plus cher. Mais quid du thé ? Quid du geste ? Un Maître de thé prit alors un humble bol de pêcheur en terre cuite et comportant des défauts. En buvant le thé dedans, il en fit un bol de thé, stoppant net cette compétition orgueilleuse à la cherté. N'importe qui pouvait prendre ce type de bol, au prix si bas mais auquel il fallait apporter de la valeur par la qualité de son geste, le respect et la sincérité du partage. Depuis, ce type de bol est devenu très cher.

De même que l'esprit de la vie n'a pas besoin d'un temple construit par l'homme pour souffler, de même le partage n'a pas besoin des ors d'un palais pour décor, de même l'homme peut être digne et grand à n'importe quel moment et à n'importe quel endroit, n'importe quel objet peut devenir objet de cérémonie.

Si je prends mon chapeau, le retourne et le remplis d'eau, puis y dépose des fleurs, est-ce encore un chapeau ou est-ce un vase ? Si je le considère à l'instant précis de maintenant, sans faire référence au passé et à ce qu'il a pu être, est-ce encore un chapeau ?

Si je le pose sur une étagère et n'y touche plus pendant vingt ans, est-ce encore un chapeau ou est-ce un objet de décoration ? Est-il chapeau parce qu'un jour on lui a donné cette étiquette ou parce qu'il fait usage de chapeau maintenant ? Un homme est-il bon parce qu'on a dit de lui, un jour dans le passé, que c'était un « homme bon » ou parce que son action d'aujourd'hui est bonne ?

Il faut savoir de quel objet nous nous servons. Nous servons-nous de l'objet-de-son-prix, de l'objet-de-son-passé, de l'objet-défini-comme-tel ou de l'objet-de-maintenant ?

Voyez comme il y a beaucoup de questions, qui pour certaines n'en sont pas. Il faut être prudent avec les mots et les noms, car nous entrons, sans la volonté d'imposer des revendications, sur un terrain de batailles formé et organisé avant nous.

Mon propos n'est pas de prendre parti ni de chercher intellectuellement à définir le sens d'un mot. D'autres que moi occupent cet espace et en vivent. Ce que je veux vous dire, je vous le dirais mieux avec des gestes, avec un partage de sensations, mais comme par l'intermédiaire du livre ce n'est pas possible j'utilise des mots qui sont maladroits et limités si on les considère comme une définition ou/et sensibles et « sensibilisateurs » si on les considère juste comme une évocation.

Je me soucie peu que mon silence puisse parvenir au Monde du Bruit lui-même sous forme de bruit. Du bruit, ce monde en a assez. Qu'il accepte donc mon silence en tant que silence. Entre deux bruits, cela lui tiendra lieu d'inspiration... ou d'expiration.

C'est pour cela que dans ce chapitre délicat je ne tenterai pas, et n'inciterai pas, à définir ce qu'est un objet de cérémonie. Je pose des questions, rien de plus, et invite le lecteur non pas à y répondre mais à faire l'expérience de la question à chaque moment.

Il faut penser que l'homme humble, le lieu modeste, l'objet sans prix, rejeté, méprisé, abîmé ou ayant une valeur « simplement » pratique, sont de véritables sources. Toutes choses peuvent rayonner de tous lieux ou de toutes personnes si l'esprit s'y offre en partage. C'est l'eau qui fait le puits et non l'inverse.

L'homme ayant souvent besoin de se rassurer, de planifier, de s'enfermer dans des « petites boîtes » ou de créer des illusions pour remplir sa vie et ne pas être ce qu'il est réellement, il rejette l'imprévu, l'accident, et nie l'enseignement que l'on peut en recevoir. C'est une conduite de peur, d'ignorance, d'orgueil. C'est du champ du possible dont il est question : ne le clôturons pas, il est inclôturable. N'ayons pas peur, rendons-nous disponibles et confiants pour ne pas décevoir l'espoir. De même, ne rejetons pas l'objet pas cher parce qu'il n'est pas cher. Ne rejetons pas l'objet cher parce qu'il est cher. Soyons ouverts et reconnaissons qu'un objet de cérémonie c'est un objet de vie, un objet de valeur.

(Hambourg)

L'objet que nous faisons

Il est un acte important : faire nos objets de thé.

Des Maîtres de thé faisaient eux-mêmes, ou faisaient faire par des personnes choisies, des objets nécessaires à la cérémonie du thé. Cette démarche a le mérite de nous interroger.

La première interrogation est celle-ci : « De quoi ai-je réellement besoin ? » C'est après avoir répondu à cette question que nous devons nous rendre disponibles et attentifs pour sélectionner au mieux la matière première.

Il est une coutume japonaise qui consiste à tailler, dans un bambou, sa propre cuillère de thé et à lui donner le nom de ce que l'on ressentait ou pensait en la sculptant. Exemples : « En attendant mon ami qui reviendra à la prochaine saison » ; « Cette aube le chant de l'oiseau me fait sourire ».

Lorsque l'on construit quelque chose, il existe plusieurs possibilités. La première est de construire la réplique du problème que nous avons en nous à ce moment. Nous le rendons ainsi palpable, matériel. Nous lui donnons un volume, une forme, un poids. Cette démarche n'est pas positive et ne fait qu'encombrer et alourdir le monde de nos propres conflits.

Une deuxième possibilité est celle de « dater » l'époque, poser un repère, donner une couleur à ce que l'on vit maintenant.

Il est légitime de poser des balises lorsque l'on avance, mais pas toujours nécessaire. Et ne doit-on pas accueillir la couleur du moment plutôt que de vouloir la lui donner ? On peut aussi maladroitement rechercher un « fixatif » : fixer l'instant pour se prouver que l'on existe ou que l'on a vécu le temps où l'on a existé. Cette attitude n'est en soi ni positive ni négative. Elle doit être considérée au cas par cas.

Nous pouvons citer une troisième possibilité : mettre en accord ce que l'on fait et ce que l'on ressent. Les choses se font naturellement et pour le présent. Ce qui n'était pas le cas de la précédente attitude, qui n'a d'intérêt que lorsqu'on pourra considérer aujourd'hui comme hier, à la hauteur du chemin parcouru.

Bien entendu ces trois possibilités ne s'excluent pas et peuvent se retrouver quelquefois mêlées les unes aux autres.

L'objet que l'on travaille a également la valeur d'un cheminement. Lorsque l'objet est fini, nous l'avons accompagné et il nous a accompagnés. Des accointances se sont créées. Il est l'outil fait à notre main, en accord avec nos gestes, comme un prolongement de notre être. Il nous apprend aussi certaines valeurs, certaines émotions, et nous donne le goût de justes exigences.

L'objet que nous faisons n'a pas de prix mais une valeur.

(New York)

La tasse cassée

Comment faire ressentir à ceux qui n'ont jamais vécu le désert que ce dernier est un puissant lieu de verticalité ?

Pour beaucoup, il est une ligne d'horizon avec, en dessous un sol et au-dessus un ciel : tout se joue dans l'horizontal… Et pourtant… Lorsque l'on marche dans le désert on se sent tiré vers le haut dans une sublime verticalité. Peut-être devenons-nous à ce moment la verticalité du désert.

Dédale n'a pu s'enfuir de sa création, le labyrinthe, que par la verticale. Que représente-t-il ? Ne représente-t-il pas aussi celui qui est incapable de sortir de sa création car ce qu'il a construit était la réplique du problème qu'il avait en lui ? Alors Dédale, perdu dans sa propre tête, sa perception contrariée par l'agencement des murs, se construit des ailes. Il ne put sortir, et rejoindre la liberté, qu'en s'élevant.

Je pense également à ce proverbe qui dit la vie si courte en longueur mais si infinie en hauteur. Il est vrai que notre vie est limitée devant et derrière nous, mais sans limites au-dessus de nos têtes.

Pourquoi ces réflexions ? Parce que j'utilisais pour boire le thé une tasse. Cette tasse, qui m'a été offerte, était haute et fine. On y voyait, grâce à ses imperfections, la main et le geste de celui qui l'avait faite. Et dedans le thé se précisait même si, du fait de la petite ouverture à la lumière, la liqueur perdait en texture ce qu'elle gagnait en consistance.

Ce matin, cette tasse est tombée. Elle s'est brisée. Je n'ai pas maudit l'accident ni tenté de rejeter l'imprévu. Je ne l'ai pas considéré comme une erreur car l'imprévu n'est pas une erreur mais la vie qui sort de la petite boîte qu'on a faite pour elle.

J'ai contemplé ma tasse. Elle était en cent morceaux et j'étais ému. Ému car, la forme de la tasse ayant changé, je m'accordais à cette nouvelle situation. À ce moment, quelqu'un, qui connaissait la valeur de cette tasse, est entré dans la pièce et s'est écrié : « La tasse ! » « Qu'y a-t-il ? ai-je répondu. Elle est là. »

Je découvris alors, dans son nouvel état qui épousait l'horizontalité du sol, qu'elle ne m'avait jamais autant inspiré la verticalité.

(Narbonne)

La huitième cérémonie

Un ami qui allait changer de vie m'a donné la joie de pouvoir l'accompagner sur ce bout de chemin finissant jusqu'à l'entrée de son nouveau chemin.

Nous avions sept soirs avant le grand jour et je lui ai proposé de partager chaque soir une cérémonie. Il a accepté et ce furent vraiment sept pas. Ces sept cérémonies ont constitué, d'elles-mêmes, une harmonie, un cycle doué d'un rythme, d'une évolution, d'un message. Ce furent sept temps privilégiés.

Mais voilà que le huitième soir, le soir après le grand événement, l'ayant vu partir, j'étais resté seul. J'ai eu alors besoin de faire, tout seul (sans lui mais avec son esprit), une huitième cérémonie.

Avec cette dernière cérémonie, non prévue à l'origine, allais-je détruire ou abîmer l'entité des sept précédentes ? Allais-je exprimer un doute, une erreur, une illusion, un regret de le voir parti ? Cette cérémonie avait-elle quelque chose à voir avec les sept autres ?

J'ai ressenti que la huitième cérémonie n'existe que si les sept autres ont parlé au cœur et à l'esprit. Elle est une entité.

Chacun, à sa façon, va pratiquer sa huitième cérémonie pour témoigner de ce qu'il a vécu dans les sept autres, pour se faire le porteur de la semence qui ouvrira un autre cycle. Celui-ci sera poursuivi ou clos par d'autres.

Cette huitième est le « écoutez, je vais vous dire ce que j'ai vu ». Elle est au-delà de la présence physique le « nous continuerons »... Elle touche à l'infini, l'infini symbolique, le 8 horizontal :

l'∞

Un jour quelqu'un m'a demandé si le monde de la huitième cérémonie n'était pas tout simplement celui des hommes.

(Madrid)

La cérémonie du thé improvisée

La cérémonie du thé est un esprit. De l'extérieur on ne perçoit que codifications, contraintes et règlements, pour certains absurdes. Mais ce n'est pas cela. La cérémonie n'est pas une théorie et ne demande pas d'être pensée ou comprise. La cérémonie se pratique, elle s'intériorise par l'épreuve de nos sens qui en font une réalité personnelle... Alors elle devient esprit.

Pratiquer ne signifie pas nécessairement prendre la place de l'hôte de thé. Dans la cérémonie on ne prend rien, car être hôte de thé demande un grand travail et un engagement. Pratiquer la cérémonie peut signifier simplement la partager.

Je me souviens d'une voie ferrée désaffectée, d'un toit, d'une cave froide et humide à l'étranger, ou d'un jour sur un parking, ou encore après avoir demandé asile dans un monastère, ou bien quelques années après dans un appartement vide. Dans tous ces lieux était venue l'heure d'une cérémonie du thé. Une cérémonie improvisée, car quelques instants avant on ne pouvait pas penser le moment proche. Je n'ai pas fermé les yeux sur la réalité de l'instant sous prétexte que je ne m'y attendais pas. Malgré son caractère impromptu, j'y étais préparé puisque je l'ai accepté. Ce qui ne signifie pas : « Je l'ai accepté puisque j'y étais préparé. »

Utilisant alors les objets disponibles, dans tous les sens du terme, je m'accordais au lieu, à l'instant et à la cérémonie.

Il fallait accueillir avec souplesse, sans rigidité. En effet, je ne pouvais demander que cette cérémonie soit comme les autres, car elle n'était pas les autres mais elle-même.

Toutes ces cérémonies improvisées m'ont appris, et me rappellent, que toutes les cérémonies harmonieuses ont l'essence de l'imprévu. N'est-il pas juste que chaque cérémonie est elle-même et non une autre ? N'est-il pas juste qu'accueillir nécessite de la souplesse ? N'est-il pas juste qu'il faut utiliser des objets disponibles ? N'est-il pas juste que le moment vient de lui-même ? N'est-il pas juste que chaque cérémonie est une cérémonie improvisée ? À l'esprit d'éclairer.

(Minuit et trente-six minutes)

J.

C'était fin avril quand je reçus la lettre d'un ami. « Tu dois absolument venir voir J. Il se passe quelque chose… » J'avais déjà rencontré J. quelques mois avant, en janvier je crois. J'avais apprécié son travail, sa vigilance et sa qualité de présence en cette saison où tant de personnes semblent plongées dans leur sommeil hivernal.

Le jour suivant, après avoir reporté quelques « obligations », je pris le train pour être sur place au plus tôt. Quelques heures après j'étais en sa compagnie. Nous avons passé un peu plus de deux jours ensemble. Ce fut intense, impressionnant, simple et émouvant. Il avait atteint une si belle justesse, une sérénité si ouverte. L'accompagner, c'était recueillir de la lumière.

Conscient de ce qu'il avait atteint après un si long travail et pour certainement si peu de temps, il ouvrait sa table à qui voulait afin de partager au plus vite, tant qu'il en était encore temps, cette fortune passagère. C'était un festin de lumières, tout s'éclaircissait, tout s'éclairait.

Cet état ne lui dura, sous sa forme la plus vive, que quelques mois. C'est relativement long pour une fulgurance, mais J. avait du travail derrière lui.

Il y a ainsi des endroits, des personnes, des actions où, durant un certain temps, il se joue quelque chose d'essentiel. Quelque chose qui apporte de la paix, de la qualité, de la compréhension, de la confiance, du courage, du *melhorament* [1], de la joie… de la lumière.

L'infirme sur son lit, dans sa chambre, au fin fond d'un pays, peut faire de ce lieu un espace de rayonnement où des gens viendront partager et témoigner. L'ermite de la montagne fait resplendir la montagne et la place au centre de certaines énergies.

L'événement ne se recherche pas dans des lieux établis et reconnus, car il accompagne les cœurs bons et les esprits sincères. Quand l'événement surgit, il naît, il est nouveau. Il n'a alors aucune raison d'être dans un lieu reconnu puisqu'il n'a pas connu auparavant.

L'événement demande des révélateurs et de la disponibilité. Il faut choisir entre y être, ici et maintenant, ou ne pas y être. Il n'attendra pas si on ne l'accueille pas quand il vient.

1. Mot occitan se traduisant par « amélioration personnelle ».

Il faut être là, dans les lieux, dans les instants où ce qui est en nous, notre humanité, crépite et palpite.

La cérémonie du thé n'est pas étrangère à cela. Elle constitue un de ces travaux sur l'instant, la justesse, l'harmonie, le partage, l'accueil... C'est évidemment un de ses aspects les plus difficiles et qui nécessitent d'avoir le bon rythme, son bon rythme.

Dans la cérémonie on travaille sur des petits éléments qui peuvent être aussi bien l'emplacement d'une cuillère, un temps d'infusion ou une saveur. Ces petits éléments peuvent être en harmonie si nous arrivons à atteindre la justesse et à y rester. Cela nous demande entre autres des capacités de reconnaissance (« identifier » l'instant, le thé, nos émotions...) et d'adaptation. Sans cette dernière, nous sortirions de la justesse au prochain geste, au prochain souffle.

Lorsque l'on atteint l'harmonie, le plus petit est en partage, en communication, en correspondance, en unité avec le plus grand. Et nous, entre les deux, nous participons à cela comme lieu de passage...

Quant aux éléments contenus dans ce texte, ils vous semblent peut-être disparates, mais sachez qu'ils s'assembleront, clairement, au fur et à mesure de votre pratique du thé... L'harmonie sera en vous.

(En revenant de chez J.)

L'arbre, fontaine en son jardin

Qui de l'un approche l'autre : est-ce nous ou est-ce l'arbre ?

L'arbre en son jardin, l'arbre qui tient l'espace et le nourrit : la terre par ses racines, l'air par son feuillage, la hauteur par son tronc, le volume par son expression. Présent dans son monde de recueillement sensuel et de désirs spirituels mêlés.

Je me rappelle ces nuits de mon adolescence où je fumais la pipe, en cachette et sous les étoiles, assis au pied d'un peuplier. Et l'acacia juste face à ma fenêtre qui m'a tellement suivi toutes ces premières années dans mon travail sur le thé. Je n'oublie pas non plus un charme, un chêne et un vieil olivier...

Premier arbre à thé du légendaire Shennong, arbre de la connaissance, arbre de Bouddha, arbre de notre famille, arbre révolutionnaire, gardien du Mystère du 14 juillet 1991...

Il vit à son rythme végétal, caché au profane. Il paraît immobile, il est battant, silencieux, puissant et vertigineux. Cyclique et ponctuel, il est au rendez-vous des saisons et de la vie.

Fontaine ascendante des éléments humides de la terre, fontaine descendante des parfums boisés, verts, fleuris et aériens. Voile, brèche, lieu de passage horizontal du vent où dans son feuillage l'invisible devient visible. En lui tout tient, tout circule, tout est mouvement.

Trapu ou élancé, court ou élevé, mort ou vivant, il est toujours arbre. Je viens souvent recueillir de lui quelques leçons, quelques secrets de son existence cérémonieuse.

La cérémonie du thé a quelque chose de l'arbre en son jardin. Le dire est juste et pratiquer en ayant conscience de cela est élémentaire pour nous qui préparons et partageons de l'or recueilli du feuillage d'un théier.

(Au pied de l'acacia)

La civilisation & le vieil olivier

C'était par une inoubliable après-midi ensoleillée. Avec quelques amis nous avions sorti la table, décidés que nous étions à manger dehors, pour la mettre sous un vieil olivier. La table était chargée de charcuterie, de fromages, de fruits et de vins. Nous discutions, nous riions, nous chantions.

Puis, quand un ami nous conta ses impressions d'un voyage en Syrie, la conversation en vint à l'idée de « civilisation ». Voici alors qu'à tour de rôle nous évoquions des monuments, la musique, la littérature, les grandes découvertes, l'histoire... Mais ce jour-là il m'apparut clairement que la civilisation était à table, sous cet olivier, avec nous.

La civilisation est avant tout sentiments, émotions, comportements et sensibilités. Ces derniers diffèrent selon l'époque, le lieu, les idéaux que nous nous proposons, les modes de vie que nous acceptons et ceux que nous avons écartés. Une civilisation est une couleur donnée à tout cela. Voilà ce qui nourrira nos arts, nos constructions et nos sociétés. Il faut penser à ne pas tarir la source. Voilà ce qui donnera leur couleur particulière. Quant à eux, ils affineront, ils préciseront notre « ressenti » et notre « exprimé ».

Ce repas entre amis, cette table sous l'olivier, cette nourriture partagée... Tout cela constituait une civilisation. « Ressenti-exprimé », intimement liés, par notre amitié, notre joie d'être ensemble et cette petite fête, nous étions au cœur d'un choix de civilisation, de notre civilisation.

Autour de cette table nous avions tous en commun des matins froids, des nuits de glace et la connaissance de la valeur d'un manteau de pluie, même usé. Bien sûr nous n'étions à l'abri d'aucun retour des frimas, mais notre chemin était jalonné de sourires, de paysages et d'expériences humaines, du refus de ce qui désespérait, de ce qui n'était pas d'une humble fierté.

Prendre le thé, seul ou entre amis, avec un tel respect et une telle attention, c'est croire en l'Homme, croire en la vie, croire en le jour et la nuit. C'est un pari sur l'Homme et non sur des logiques désespérantes. Ces logiques d'instrumentalisation qui ont pour seul objectif le profit personnel à court terme. Le pari sur l'Homme est un appel à l'humain. Il peut, il doit passer au-delà de ses préjugés pour répondre présent, accepter la main tendue et partager.

Ce pari contre la logique et l'absurde est surtout un engagement pour vivre autrement, certainement mieux. Résister aux assauts de l'instrumentalisation et de la manipulation… ce vers quoi beaucoup de forces semblent tendre en ce moment.

Il y a quelque temps, quelqu'un m'a demandé si je connaissais la différence essentielle entre le « mal » et le « bien ». « Le bien vit pour exister tandis que le mal vit pour détruire le bien », m'a dit cette personne. Je ne porte de jugement ni sur cette pensée ni sur sa pertinence au milieu de ce texte. Au fil de ces lignes elle m'est revenue à l'esprit et je voulais la partager librement avec vous.

Ces pensées, ces sentiments, notre façon de vivre ensemble ou d'apprécier un thé, c'est cela qui fonde notre civilisation. Mais les civilisations ne sont pas immuables ni éternelles : l'humanité est à conquérir tous les jours. Peut-être, à l'instar de cette pensée, le combat pour la dignité et la liberté n'est pas à mener directement contre les forces d'oppression mais bien plutôt pour une qualité encore plus haute, plus grande, de notre « ressenti-exprimé ». Mais cela reste voir… Quoi qu'il en soit, l'essentiel est de vivre l'espoir et de le transmettre.

Loin des monuments qui peuvent être détruits puis envahis par la végétation, loin des populations qui peuvent être offensées puis oubliées, loin de l'individu qui peut être nié dans son essence, peu de choses peuvent aliéner nos sentiments. Des civilisations ont pu sembler être annihilées dans leurs expressions formelles. Elles subsistent, encore moins saisissables, diluées au cœur des choses. On n'arrête pas ainsi une « bonne idée ».

La pratique du thé est une partie de tout cela. Pour en prendre conscience il suffit, par exemple, d'inviter par une journée ensoleillée quelques amis à venir prendre le thé… sous un vieil olivier.

(Les Corbières)

Sur les ruines d'une chambre de thé

Loin était le temps où je venais ici, dans cette chambre de thé, y faire l'expérience de l'harmonie et de la sérénité. Loin, loin… Depuis des luttes fratricides, des divisions avaient ruiné la vérité de ce lieu. La source n'était pas tarie mais obstruée. On n'y rencontrait plus que des gestes codifiés d'exclusion.

Comme l'homme simple qui, invité à un dîner bourgeois, s'attire les foudres des convives car il ne connaît pas les « bonnes manières ». Quel couteau prendre ? Quel verre utiliser ? Comment manger ce que l'on vous a servi ?

Comme l'appelé, le conscrit qui, puisqu'on s'est bien gardé de lui montrer le « geste réglementaire » pour plier ses draps, se fait remarquer et subit les réprimandes de ses supérieurs.

Comme l'étranger, le nouveau rejeté ou moqué de ne pas être au courant des « usages » en vigueur.

Tous ces gestes codifiés pratiqués afin de dénoncer ceux qui ne savent pas à ceux qui savent. « Il ne vient pas de chez nous » ; « Il n'est pas de notre milieu » ; « Il n'est pas des nôtres. » Gestes d'identité diront certains, mais l'identité n'est pas une définition négative : on ne se construit pas une identité par exclusion.

Ces gestes ne sont en eux-mêmes, souvent, pas « non justes ». C'est la pratique que nous en faisons qui est « injuste ». Le geste est là mais l'esprit juste n'y est plus. Telle une voile sans vent.

Il faut cesser d'exclure. Nous avons tous surgi dans ce monde, cette vie, et personne n'a de droit d'exclusivité ici. Il faut cesser d'opposer ainsi ceux qui savent à ceux qui ne savent pas. Le monde profane n'étant pas celui de la non-connaissance mais celui du non-respect.

Dans cette chambre de thé, la cérémonie avait dégénéré en « manière », en « usage ». Les troubles, partant de là, s'étaient amplifiés, appelant de plus en plus d'autres gestes d'exclusion, et avaient conquis de nouveaux terrains.

La vie avec les autres était rendue difficile, bête et brutale. La communauté était devenue clans. La chambre de thé n'était plus que ruines, négligées face à tant de conflits, et on eût douté que tout fût bien parti d'ici.

Il en va ainsi des voûtes, quelle que soit leur taille, tenues par une seule pierre : la clef de voûte.

Il en est ainsi d'un équilibre harmonieux mais si précaire.

Blessé par une telle situation je décidai de reconstituer la chambre de thé. « Comment de là pourrait-on résoudre nos problèmes ? » me demanda-t-on. « Comment de là sont partis nos problèmes ? » dis-je en retour.

Dans ce grand déséquilibre il fallait rechercher le petit geste, le petit partage, le petit lieu qui, discrètement, sauraient nous redonner l'expérience de l'harmonie.

Autour des ruines de la chambre de thé des hommes de bonne volonté se sont rassemblés et nous avons œuvré. Il ne fallut pas longtemps avant de reprendre contact avec l'esprit. Il était là, entre deux pierres. Il était là, dans les herbes sauvages qui croissaient librement. Il était là, en nous et entre nous.

Le vent se remit alors à souffler dans le voile et nous nous demandâmes par quel aveuglement meurtrier nous avions tenté de séparer le vent de la voile… puisque le mouvement n'est qu'un.

(En chemin vers la paix)

La « mesura »

Souvent ici nous employons les termes de justesse, d'équilibre, et peut-être cela vous semble-t-il trop imprécis, trop « flou » ou trop « vague ». Vous aimeriez avoir des recettes que je vous donnerais et qu'il suffirait d'appliquer à la lettre. Je ne peux pas le faire et ceux qui prétendent pouvoir le faire sont malhonnêtes. Pourquoi ? Principalement pour deux raisons.

Premièrement, si nous prenons l'exemple d'une balance manuelle, l'équilibre peut être atteint quels que soient le poids, le volume, la densité et la substance présents dans les plateaux. Il suffit juste d'avoir conscience de ce qui y est présent. Lourd ou léger, grand ou petit, on peut atteindre l'équilibre… mais par des voies qui nous sont propres.

Personne ne peut savoir à votre place ce qu'il y a dans vos plateaux : votre vécu, votre énergie, « votre palpable et votre impalpable ».

Personne ne doit savoir à votre place ce qu'il y a dans vos plateaux : c'est une part du sacré, une part fertile, le sens de votre Mystère.

Comprenez qu'il en est de même d'un thé ou d'un moment. Je peux vous conseiller un tableau schématique de temps d'infusion ou de grammage, mais il faut accepter, humblement et malgré une soif de certitudes rassurantes, que rien n'est définitif ou exhaustif et qu'il faut agir au cas par cas. Quant à l'équilibre d'un moment… Chaque moment étant unique et ne pouvant être revécu, comme le fait que nous ne traversons jamais deux fois le même fleuve, aucun standard ne saurait être juste.

Deuxièmement, un équilibre s'atteint et se pratique. Il s'atteint car le chemin qui mène à l'équilibre est essentiel. Il doit être mené. Il n'y a pas d'équilibre sans chemin, et ce chemin c'est le vôtre, pas celui de quelqu'un d'autre. Il se pratique, car une fois atteint il ne se fige pas mais demande une souplesse, une capacité d'adaptation pour maintenir l'équilibre dans des présents successifs et différents. Il y a un chemin jusqu'à l'équilibre, puis il y a un chemin au cœur de l'équilibre.

Nous touchons à quelque chose de sensible. La justesse est cette harmonie qui nous permet d'être en relation pleinement. Elle est cet équilibre qui fait que les choses tiennent debout et s'élancent. La justesse n'est ni rigide ni restrictive. Il y a certes ce que l'on appelle un « point d'équilibre » mais ce point, une fois atteint, se dépasse lui-même et de limité devient illimité, de fini devient infini. De point il devient champ. Et il est le seul à nous permettre cela.

Dans le monde, « ce goût merveilleux de la mesure » peut résister face à une menace lourde et sanglante : la barbarie. Cette mesure si subtile, si sensible, est porteuse de valeurs de civilisation, d'un projet de société.

Cette mesure n'est ni tiédeur, ni une excessive prudence, ni un conservatisme ou un maniérisme. C'est bien plutôt la « mesure de toutes choses ». C'est un défi de notre humanité, de nos vies. Il ne s'agit pas de mesurer selon notre échelle mais de se mettre en mesure et de se mettre à la mesure.

En occitan la *mesura* signifie mesure, cadence, équilibre, attitude repoussant les excès, rythme. La *mesura* est bien illimitée et rythmée. Là se trouve une liberté pleine. Là se trouve une lumière discrète, juste, droite, rayonnante et vivante comme la flamme d'une bougie.

(Le Canigou)

« Il est l'heure d'être » : urgence et nécessité

Cela, c'est de la « philosophie » ou de l'« idéalisme ». Selon certains, cela peut être « beau », « intéressant », « bien », mais quoi qu'il en soit hors de la vie réelle (car, semble-t-il, il existe une réalité globale, objective et de nature contraignante), de la vie quotidienne, de la vie raisonnable. « Cela ne nourrit pas son homme. »

Est-ce de la « philosophie » de prendre conscience de soi, savoir respirer, boire, manger, partager ou accueillir ? Est-ce hors de la vie de tous les jours ? N'est-ce pas encore un excès rassurant de cloisonnement ?

Reconnaissons qu'il y a des problèmes dans nos sociétés, dans nos relations avec nos voisins, avec nos familles et à l'intérieur de nous-mêmes : tellement de regrets, de fatigues, d'angoisses et de malentendus. Ou peut-être en sommes-nous au stade ultime de bêtise où nous préférons ne pas nous l'avouer ? Pourtant les problèmes existent même si on n'en parle pas, même si on ne leur fait pas face.

Alors que faisons-nous tous les jours pour les résoudre ? Un problème laissé derrière nous revient toujours. C'est en cela le jeu de la circularité. Le cercle est la première et dernière forme, bien longtemps après que l'érosion a retiré au carré ses quatre angles. Les problèmes derrière seront un jour devant, même si nous mettons quelque temps avant de les identifier, car ils peuvent réapparaître sous des formes différentes. Ces problèmes sont des problèmes qui concernent notre humanité et ils doivent être traités comme tels si on veut vivre en paix.

Or qu'observons-nous ? Nous avons créé tant de buts illusoires, tant de solutions anesthésiantes (« Rassurez-vous, vous ne sentirez rien »), de boissons assommantes, de bruits étourdissants, de discours abêtissants, de conflits, de murs, de modèles, de sollicitations, dans le but de nous disperser et nous détourner de notre réalité. Nous nous sommes fourni nos prétextes, nous avons systématisé notre lâcheté. D'accord, ce n'est ni vous ni moi qui avons créé ce type de société... Mais qui assure sa pérennité ?

On appelle l'« avoir » et ses échelles de valeurs numériques, d'une « simplicité » rassurante, en substitut à l'être. Cela fait longtemps que nos voitures n'ont plus la taille de nos besoins mais celle de notre orgueil. Qu'y a-t-il de plus déraisonnable et irresponsable que cette fuite de nous et des autres ? L'avoir est une chose ni positive ni négative en soi. Tout dépend de ce que l'on en fait et la course à l'avoir ne pourra remplacer la nécessité d'être.

« Les hommes n'ayant pu guérir la mort, la misère, l'ignorance, ils se sont avisés, pour se rendre heureux, de n'y point penser. »

« Le remède du vulgaire, c'est de n'y penser pas. Mais de quelle brutale stupidité lui peut venir un si grossier aveuglement ? »

Ces deux citations forment un dialogue imaginaire dont il est temps de prendre la mesure. On me permettra de ne pas les restituer à leurs auteurs afin que l'image que nous avons d'eux ne s'interpose pas comme un écran entre ces phrases et nous. Les pensées profondes, les vérités humaines, la lumière, n'ont pas d'auteur. Elles n'appartiennent à personne en particulier : c'est notre patrimoine.

À cela rien de nouveau. Ces problèmes ont été posés dans toutes les langues, à chaque génération, depuis des milliers d'années... et bien plus... Toutes choses ont déjà été dites mais, comme nous préférons ne pas entendre ce qui nous dérange, tout doit être répété.

On m'a dit un jour que si toutes les pensées profondes et les réalités humaines devaient être écrites une fois pour toutes, dans une langue, le tout tiendrait dans un œuf... le reste n'étant que des répétitions.

Mais attention, il n'y a pas à désespérer de la répétition car à chaque fois elle s'adapte à la réalité de l'instant et, à chaque fois, elle pose un acte essentiel de présence.

Il ne faut pas non plus s'en détourner car « il n'y a là rien de nouveau ». La course à la nouveauté est un divertissement et dans l'instant il n'y a ni nouveau ni ancien.

Il ne faut pas non plus se lamenter qu'il suffirait que chacun intériorise si peu de paroles pour que tout soit changé. C'est au contraire source d'encouragement. Le possible est à portée de main… À nous désormais d'ouvrir notre main.

Et la résistance ? La résistance reste encore la principale actualité de l'homme. Résister à la lâcheté, à la peur, à l'égoïsme, à l'habitude du confort, à la désespérance. La résistance et son devoir de rupture. La résistance et ses accointances avec la clandestinité, la liberté, la discrétion. La résistance et son besoin impérieux, au-delà des apparences, de solidarité et d'amitié réelles. La résistance avec son absence d'orgueil, avec son urgence, sa vigilance, son adaptation, sa responsabilité, son ouverture à toutes les bonnes volontés, sa conscience. Non une résistance rigide ou conservatrice. Une résistance de roseau, de bambou…

Alors admettons qu'il ne suffisse pas de soulever le couvercle d'une petite boîte pour faire face à notre humanité. La tentation serait grande pour certains de ne jamais l'ouvrir… voire d'en faire commerce.

Une seconde, une heure, une vie… un regard, un sourire, une main tendue et, au-delà des âges, des langues et des avoirs, nous voici le premier ou le dernier des hommes… Nous voici un homme.

La cérémonie du thé n'est pas un discours sur le discours, ni une construction conceptuelle, mais une manière d'être au monde, un exercice de vie. Elle participe à notre vie. Elle nous demande dans un humble, élémentaire et nécessaire courage de nous engager dans les forces de la vie.

(Metz)

Approcher les étoiles par le souffle des Maîtres

Prendre conscience concrètement, et non abstraitement, que les choses ont été et continueront d'être après nous ne doit pas nous mener à la tristesse et au découragement. Cela est source de joie et d'espoir. Nous continuons, le temps de notre vie, une marche commencée à l'aube de l'humanité. Dans le bref temps de notre existence, ces quelques dizaines d'années, à nous de donner tout ce que nous sommes capables de donner, avec amour et sincérité, avant de rendre le flambeau.

Des légendes nous content que certains Maîtres de thé ont gagné l'immortalité. Cette immortalité n'est pas celle, individuelle, de tel ou tel homme, mais celle du chemin. Oui, ils avaient tant et si bien marché qu'ils étaient devenus eux-mêmes le mouvement : la Voie.

Qu'ont-ils à dire de nouveau ? Réellement, pas grand-chose. Quels concepts, quelles hypothèses ont-ils avancés ? À quel débat d'idées doivent-ils participer ? Toutes ces préoccupations paraissent bien étrangères aux Maîtres de thé, car tout est en nous. Dans le goût d'un thé il y a tous les thés. En chaque homme, il y a l'unique condition humaine. Les Maîtres sont là comme des révélateurs. Leurs enseignements, si nous les pratiquons avec justesse, nous offrent la possibilité d'être révélés à nous-mêmes et au monde. Il ne s'agit pas de nous greffer quelque chose d'étranger mais, bien au contraire, de vivre et d'exprimer ce que nous sommes.

Le problème, et c'est pourquoi ce message a tant de mal à se répandre, est la structure de nos sociétés. Il est faux et prétentieux de penser que nous organisons le monde mais, en revanche, nous organisons nos sociétés. Et de notre société dépendront les critères de normalité que nous reconnaîtrons, le modèle de relations que nous engagerons vis-à-vis des autres et de nous-mêmes, nos idéaux, nos échelles de valeurs et nos préjugés.

De fait, nous observons que nos sociétés font la part de plus en plus belle au pouvoir économique, et ce au détriment d'un équilibre, à la diversion, à l'instrumentalisation et à la manipulation. Pourquoi avons-nous donc organisé un tel type de société ? Par facilité ? Par peur ? Par cynisme ? Par immaturité ?

Quoi qu'il en soit, l'enseignement des Maîtres, riche en vérités, doit passer. « Nous pouvons vivre autrement, pas de découragement, il existe une alternative. » Mais voilà que cela remet trop de choses en jeu : des illusions, des faux-semblants, des mensonges, des simplifications ou des approximations sur lesquels, hâtivement, des vies ont été construites dans une politique d'évitement. Remettre tout cela en question, c'est demander aux tricheurs d'être honnêtes, aux menteurs de dire la vérité et aux égoïstes d'être généreux…

Vu ainsi beaucoup perdraient espoir. Il ne faut pas, cela se fera, c'est dans l'ordre des choses. Il viendra le grand partage, déjà certains ont entendu son appel et portent témoignage. D'autant plus que la plupart des « illusionnés » ne le sont pas volontairement. Ils le sont par peur de l'inconnu, par manque de confiance ou parce qu'ils n'ont jamais réalisé qu'il puisse y avoir autre chose. Les mentalités changent et changeront. Les enseignements des Maîtres peuvent dater du premier millénaire, mais leur vérité resplendissante est encore, et plus que jamais, dans l'avenir. « Tu n'as de l'homme que le nom. L'homme est à venir. » C'est une question de pratique, de mise en pratique…

Que nous puissions une nuit nous allonger dans l'herbe fraîche et contempler les étoiles en disant que tout cela est d'une profonde beauté, que nous puissions avoir ce souffle nous le devons aux Maîtres et à tous les autres hommes, qui nous ont permis d'avoir cette respiration, cet accès à l'expérience.

Semer l'espoir en des temps obscurs, croire en l'homme en des périodes de folie meurtrière, ouvrir encore sa porte après avoir été humilié, appeler à la résistance et au courage en époque d'apathie... Cela n'est pas facile et la société ne nous nourrit pas pour cela... Bien souvent elle va même jusqu'à nous marginaliser, nous exclure.

Les Maîtres sont une respiration, notre respiration, dont un souffle manquant nous retirerait la vie. Ils sont cette respiration bienveillante donnée à tous, donnée également au dormeur ou au coupable, avec l'espoir que s'il vit, dans les temps prochains peut-être, il connaîtra l'Éveil.

Quand nous nous retrouverons face à un ciel étoilé, pensons que les étoiles ont été accrochées, une à une, par ces hommes-là. Les Maîtres de thé nous disent que ce qui compte ce n'est pas le thé mais notre approche du thé. Rappelons-nous alors, avec gratitude, que ces Maîtres nous ont permis l'approche des étoiles en nous invitant à l'approche de nous-mêmes.

(Cavirac)

Le pianiste et la forêt

C'était le premier dimanche du printemps, une journée magnifiquement ensoleillée, et je marchais depuis quelques heures déjà dans cette vieille forêt sauvage.

On m'avait recommandé un endroit particulièrement idéal pour boire le thé, et notamment une vieille souche à l'expression magnifique. « Tu la reconnaîtras, m'avait-on dit. Elle est large et toute recouverte de mousse. » Je m'étais donc mis en chemin pour faire sa connaissance et partager quelques instants avec elle lorsque, semblant venir de loin, j'entendis un air de piano. Qui pouvait jouer du piano ici en plein cœur de cette forêt ?

Le terrain, tout en reliefs, était parsemé de petites collines, et je commençais à localiser plus distinctement le lieu d'où provenait cette sonate. C'était un surplomb à une centaine de mètres. Je m'approchai discrètement pour ne rien troubler.

Je vis alors un homme allongé, les mains sous la tête et un panama posé sur le visage. Peut-être dormait-il, mais je n'en suis pas sûr. Près de lui une bonne bouteille de bordeaux, un pain entamé, une terrine, de la charcuterie, un roquefort... et un petit poste de radio. Toute cette scène prenait place au centre d'un rai de lumière qui, en raison de l'absence de feuilles aux arbres, se posait tout « naturellement ». Qui de l'homme ou du rayon de soleil avait cherché l'autre ?

Le poste de radio retransmettait cette sonate et je m'aperçus, sans l'écho du terrain, que le son était réglé doucement et ne couvrait aucun bruit de la forêt. C'était donc une « sonate délicate ».

Je m'assis à quelques mètres de l'homme, qui ne m'avait pas remarqué, et décidai de participer à ce moment, à la construction de ce bonheur simple et profond.

Tout le monde était en communication. Cette communication n'était pas « intellectualisée », dirigée et motivée par des volontés intéressées. C'était une communication de l'instant, du présence. Les oiseaux répondaient à la musique, nous répondions à cela et la musique répondait aux sentiments du pianiste, à l'instant présent... et certainement, à une autre échelle, à ce coin de forêt qui, à des centaines ou des milliers de kilomètres de la salle de concert, s'embrasait de chaque note.

Maintenant et ici, en ce lieu et en nous-mêmes sans distinction, quelque chose se scellait par ce partage, par ce bonheur que nous édifiions ensemble. Un espace intérieur plus grand encore se créait en nous.

Je prenais conscience que nous étions tous sur le même accord, la même mesure. Chaque note de piano était ici dans l'instant présent. Le pianiste n'était pas plus avancé en temps que nous. Quand bien même cette retransmission n'était pas en direct, mais en différé, à l'instant de maintenant le pianiste égrenait note par note au même rythme que notre écoute. Personne ici n'était à la note suivante. Personne ici n'aurait pu et n'aurait voulu prédire l'avenir.

Il est impossible d'expliquer cela ou de retranscrire ces sentiments par des mots. Cela se joue au niveau du vécu, du « en faire l'expérience ». Si j'évoque cette histoire, c'est parce qu'elle est utile à toute personne s'initiant ou pratiquant la cérémonie du thé. Il y a un travail nécessaire de sensibilisation et il ne supporte aucun cloisonnement. Apprendre de la cérémonie ou apprendre sur la cérémonie n'est possible qu'à celui qui est attentif à la vie que nous menons chaque jour. N'oublions pas que la Voie est notre vie quotidienne et qu'elle est partout. Pour s'engager dans la Voie du thé, il faut prendre conscience de cela. Mais continuons notre « lumineuse » histoire du piano dans la forêt...

Je voyais l'homme respirer profondément Tout cela était bien une respiration, une profonde respiration ... un souffle de l'âme, un souffle de l'esprit. Puis la sonate vint à son terme et le présentateur murmura, comme pour ne pas briser ce à quoi nous étions parvenus, que cette sonate avait été enregistrée le 17 avril 1952. Cette sonate avait donc été jouée, disons pour la première fois, le jeudi 17 avril 1952 matin, après-midi ou soir. Ce jour avait donc existé... Mais qui s'en souvient ? Qui se souvient du jeudi 17 avril 1952 matin, après-midi ou soir ?

Le chant ou la musique nous demandent quelquefois de « tenir la note » ou de « tenir un son ». Qu'est-ce que cela signifie ? Ce n'est pas conserver le son de la seconde précédente à l'identique, mais bien plutôt lui donner assez de souplesse pour qu'il s'adapte à l'instant présent. Chaque instant présent est naissant, nouveau, sans référence. La note ne passera qu'en acceptant d'être nouvelle à chaque souffle. C'est ainsi que l'on « tient la note ».

La cérémonie du thé semble codifiée et, chaque fois, répétée à l'identique. Pourtant une cérémonie du thé ne peut être cela. Un comédien ne change pas une virgule au texte mais, toutefois, il ne joue jamais deux fois la même pièce. On ne saurait traverser deux fois le même fleuve. Chaque cérémonie est « une fois, une rencontre ». Le silence même donne une couleur toujours nouvelle au présent.

À ceux qui désirent s'engager sur la Voie du thé, je ne peux que conseiller d'aller dans les forêts, de jouer d'un instrument, de fréquenter les salles de théâtre, de traverser les fleuves, de sortir de chez eux, mais aussi de savoir rester chez eux. La Voie est partout, elle est quotidienne.

Traversez des déserts d'ici ou d'ailleurs, gravissez des montagnes hautes ou petites. La route est longue et vous aurez besoin d'une expérience de marcheur pour être au plus près de votre rythme, de vos forces et des réalités du chemin. Il faut en avoir un « ressenti », une compréhension intime.

« ... 17 avril 1952. » L'homme se redressa, éteignit la radio, mit son chapeau sur la tête, rassembla ses affaires et se leva. Il ne m'avait toujours pas vu. Il regarda le sol, il regarda près de lui, puis la cime des arbres. Il semblait s'être arrêté. Il se rassit et, l'air pensif, alluma une cigarette. Il était alors temps pour moi de lui laisser occuper cet instant et de partir.

Je repris mon chemin avec toute cette sérénité, cet essentiel. Je repris mon chemin persuadé que ces moments, ces gestes, ne se perdent pas et reviennent, tout comme cette sonate, quelque part, n'importe où, un jour ou l'autre, sous une forme ou une autre. Ces moments, ces gestes, reviennent apporter un peu de lumière sur une route.

Mais, cette après-midi-là, il fallait être à la recherche d'une vieille souche moussue pour le savoir et en faire l'expérience.

(Une forêt du Nord)

La saveur du monde

Je n'oublie pas l'histoire de ce puits sur la place des fêtes d'un petit village. Il était si vieux qu'on ne savait plus qui l'avait creusé. Il était si profond qu'on ne savait pas comment il avait pu être creusé. Peu importe : il était le puits de tout le monde. Certes il n'avait pas fière allure avec ses pierres disjointes, mais pendant longtemps il fut le seul point d'eau. Tous les villageois s'y retrouvaient : les fortunés, les non-fortunés et les humbles. Venaient aussi les voyageurs, les gens de passage et, puisqu'on avait toujours soin de laisser un seau d'eau plein à côté, les animaux.

Mais ces temps changèrent quand certains refusèrent, par principe, de puiser leur eau dans ce puits commun à la silhouette si simple. Ils se firent alors creuser, à grands frais, des puits privés. Cette eau devait être différente, unique et plus « propre » puisque c'était la leur : leur propre eau propre, en quelque sorte. Tel n'était évidemment pas le cas. Personne ne le savait, mais les puits privés avaient tous la particularité d'être situés en aval de la source qui alimentait le puits principal.

Une nuit, avec son eau, j'ai préparé un thé. Je me rappelle avoir été surpris par une vive lueur au fond : c'était la lune du ciel qui se reflétait dans le puits… ou la lune du puits qui se reflétait dans le ciel, je ne suis plus très sûr. Aujourd'hui délaissé par la plupart des habitants du village, ses pierres encore plus disjointes, il ne sert plus que les pauvres, les gens de passage, les humbles, les animaux… et la lune.

J'apprécie toujours de préparer un thé avec son eau… car elle a la saveur du monde. Mais qu'est-ce que la saveur du monde ?

C'est cette saveur qui s'offre à ceux qui acceptent de la recevoir. Saveur du monde, saveur de la vie, elle se décline en nuances infinies. C'est en cela que la nuance est essentielle. Elle est fertile diversité.

Pour cela il faut apprendre à mettre les choses en place en soi et près de soi. Non pour se construire des protections mais pour cesser de s'enfermer dans mille prétextes, dans mille « conduites d'évitement », dans mille fuites. Cela signifie se mettre en accord et s'ouvrir à cette saveur présente, révélée à nous comme des milliards de lumières scintillantes. Tels les reflets du soleil sur le fleuve ou les étoiles, ces « scintillances » jouent du clair et de l'obscur. Ces petites lumières libres ne se capturent pas mais, en vagues fulgurantes à l'échelle de l'éternité, nous traversent et déposent un léger sédiment, un sel dont nous devenons porteurs.

C'est ce parfum qu'il faut chercher parmi nous, tous ensemble, libérés et solidaires. Parfum sonore, saveur lumineuse, fulgurance tactile, expérience sans cesse naissante. Union du fond et de la forme. Transcendance concrète, conscience paisible, ainsi nous sommes dans l'acte de la vie. Là est notre être : dans son devenir présent, dans son aventure. Oui, notre être est tout engagé dans l'aventure humaine.

La cérémonie du thé est une des voies « menant à » et « parcourant » l'aventure humaine.

Et quelle est-elle cette aventure qui se propose d'être notre première et notre dernière expérience ? Quelle est cette quête du sel ? C'est être pleinement avec tout notre être. C'est être pleinement avec toutes nos imperfections et nos faiblesses.

Elle est une insistance pour être… Pour être en mouvement vers le clair, l'essentiel, l'espoir.

(Le jardin)

La vérité d'un bol

Nous partagions une cérémonie du thé, assis sur le toit, lorsque mon ami me questionna quant à l'origine du bol que je lui avait confié. Ce bol, qu'il avait entre les mains, donnait une lumière si exceptionnelle que je la tenais pour une des plus belles.

C'était un bol très ouvert et plat. Sa forme n'était pas régulière et la lumière, en y pénétrant, connaissait diverses aventures. Il était d'un blanc cassé non uniforme qui enrichissait la couleur du thé d'une note chaleureuse déclinée en centaines de nuances. La mousse du thé, éclairée des profondeurs, y était encore plus délicate et semblait juste effleurer la liqueur.

L'homme qui l'avait fait, et que je connais bien, était atteint d'une maladie mentale. Il pratiquait la poterie chaque jour, laissant son imagination et ses pulsions seules le guider, et ne produisait que des pièces uniques. J'ai toujours été impressionné par ses œuvres et leur vérité.

Ce bol était extrêmement léger. On n'avait dans la paume presque seulement que le poids du thé que l'on sentait s'amenuiser petite gorgée après petite gorgée. On y lisait aussi avec les doigts, distinctement inscrits, le geste du potier et la forme de ses mains. Cette inscription n'avait rien de visible : elle était tactile. Vide, ce bol n'était qu'un geste sans poids attendant une liqueur à embraser. Il avait aussi quelques imperfections, dont une fatale. Le vernis ne recouvrait pas complètement l'intérieur, et le thé s'y glissait, dessinant de fines craquelures qui ne cessaient de s'étendre. À court terme le bol était condamné… Mais d'ici là les délicates lignes désordonnées et vivantes participaient également à notre fascination.

La lumière qu'il offrait était celle, scintillante, du soleil se posant sur un fleuve. Ceci était la force de son sculpteur : il percevait le chant de l'oiseau sans l'analyser et en témoignait comme tel. Il laissait venir à lui les reflets du soleil sans le filtre des préjugés, de la mémoire, de la volonté ou des connaissances. Il participait à cette communication, il prenait part à ces messages, sans jamais quitter l'instance des éléments premiers, élémentaires, et les rendant tout aussi basiques avec une émotion brute et d'une rareté raffinée.

Le soir était discrètement tombé et nous parlions, toujours assis sur notre toit, de diverses expériences que nous avions eues avec la lumière. Toute la nuit, consacrée à cette discussion, fut lumineuse.

Dans la fraîcheur des dernières heures nocturnes, nous décidâmes de descendre de notre « tour » et d'aller voir. Mon ami connaissait un endroit précis, au milieu du fleuve, où les premiers rayons de soleil finissaient d'incendier les ultimes et tardives brumes de la nuit. Oui, nous allions voir si le bol disait vrai. Nous voulions avoir accès à l'expérience...

Après quelques instants, je commençai quelques brasses tandis que mon ami restait sur la berge. Il guettait le premier rayon qui, selon lui, devait se poser sur l'eau, à une centaine de mètres de moi, puis courir sur la surface de l'eau jusqu'au point d'embrasement. Comme la mèche d'un explosif.

J'étais arrivé au milieu et donnais, sans violence, mes forces pour rester sur place. Dans ce silence du monde me parvenait faiblement le souffle d'une ville se réveillant, en un murmure, un étirement lent. Puis mon ami cria : « Il est là... il arrive ! Il arrive ! »

Impatient et intimidé, je me retournai et vis une flèche de lumière, juste au niveau de l'eau, se diriger vers moi à une vitesse défiant tous les courants. Puis, arrivé là où j'étais, ce fut une pluie ascendante de reflets dorés et argentés. Ce fut un feuillage immatériel et miroitant. Mon ami et moi étions si profondément émus. Combien de temps, de minutes ou de secondes cela dura-t-il ? Je ne saurais le dire.

Je revenais au sol, tandis qu'une ondée printanière faisait doucement crépiter le fleuve, comme des milliers d'applaudissements. Le bol avait donc raison.

Heureux, nous décidions d'aller, de ce pas, pratiquer une autre cérémonie. Il est toujours riche d'enseignements de pratiquer après avoir nagé : les gestes sont plus nourris et la conscience plus corporelle. Cette fois-ci, tout aurait lieu dans une chambre blanche dépouillée, ornée d'une seule fenêtre bleue donnant sur un arbre bien vert, d'une table noire laquée et d'une petite fleur exotique violette dans un verre d'eau. Nous y serions et nous verrions...

Je ne peux clore ce chapitre sans lancer un appel à un Maître de poterie qui lirait ces lignes. Depuis le bol est mort de sa belle mort. Après y avoir bu, et avant un grand changement dans ma vie, je l'ai posé sur la table. Le choc, pourtant léger, le fendit en deux : il s'ouvrit alors comme une fleur, comme un sourire ou un grain qui meurt. Y aurait-il un Maître pour relever le défi et recomposer cette lumière ? Bien sûr, et tous les Maîtres le savent, il ne s'agit pas de refaire ce bol à l'identique mais d'en retrouver l'esprit. *Esperi* [1]...

(Sur un air de fado...)

La cérémonie aux portes du tombeau

Nous en étions à notre sixième jour de marche : l'objectif était encore loin. Le soir venu, nous avions établi notre campement sur un plateau.

Je me rappelle bien ce groupe de compagnonnage. Il n'y avait qu'une seule condition indispensable à l'acceptation d'un candidat, une condition secrète : lors de l'entretien de présentation, et au sujet de notre groupe, de notre démarche et de nos marches, il ne devait jamais demander : « À quoi ça sert ? » Ce critère fut juste et

1. En occitan : j'espère, j'attends, je patiente...

efficace. Il permit, entre autres, d'écarter ceux qui plaçaient l'utilité, ici entendue comme un profit, en valeur essentielle et ceux qui n'avaient pas en eux le sens d'une telle adhésion.

Ce groupe était très harmonieux et riche en sensibilités différentes. J'étais à l'époque le seul homme de thé, et l'on me demandait de travailler ma cérémonie à divers moments et en divers lieux.

Mais ce soir-là je savais notre campement près du tombeau d'un autre homme de thé. Je savais aussi qu'il y avait à côté un petit refuge où nous pourrions passer la nuit. Je décidai donc, avec quelques compagnons, de quitter le campement pour y célébrer jusqu'à l'aube une cérémonie. Nous prîmes alors peu d'affaires et marchâmes sous un magnifique ciel étoilé. Ce fut joyeux et amical.

Arrivés à destination le refuge était là… le tombeau aussi. Nous avons rendu hommage, nous avons célébré, nous avons discuté. Puis, assis en arc de cercle et partageant le même feu de cheminée, on me demanda de parler d'un des premiers Maîtres de thé.

Il était un enfant trouvé et bègue. J'aurais pu dire « enfant abandonné ». Certes il fut abandonné par ses parents, mais pour nous il fut un « enfant trouvé ». C'est un moine qui l'a trouvé près d'une rivière. Il fut un bon fils adoptif, bien que turbulent, insoumis et « habité ». J'ai dit « un bon fils bien que » car le bon fils est peut-être celui qui sème, même quantitativement peu, de l'amour, de la joie et des espoirs. Ce n'est pas nécessairement celui qui accepte la servitude et ne vit pas sa vie afin de ne pas causer de soucis. Jeune, il s'enfuit avec une troupe de comédiens, puis il fut responsable de l'éducation littéraire de l'héritier du trône du Dragon, puis il se retira… Et son chemin continua encore : il devint un Maître de thé.

Une partie importante et révolutionnaire de son enseignement fut d'attirer notre attention sur les éléments premiers tels que la qualité de l'eau, de la feuille, du feu, la préparation, etc. Ce n'est ni une futilité ni une banalité. Là est une de ses invitations, il faut porter attention aux éléments premiers de notre vie : le temps, notre temps, les lieux, nos émotions, nos relations avec les autres, nos gestes (même « petits » car la vie se trouve partout), notre respiration, notre tenue... N'avalons pas la vie d'une gorgée comme un liquide chaud quelconque au risque de la rendre insipide, de ne pas en percevoir les mille saveurs. Tel cet homme qui à sa dernière heure demande à l'ange de la mort : « Donnez-moi encore un peu de temps... je n'ai presque pas vécu... je n'ai pas pu tout faire...

— N'as-tu pas vu les arbres bourgeonner au printemps, les fleurs colorer les plaines l'été, les forêts s'incendier à l'automne et le sol geler en hiver ?

— Non, je n'ai pas encore eu le temps de voir tout cela...

— Et pourtant, tu y étais », conclut l'ange de la mort.

Pouvoir payer ou pouvoir vivre ne suffit pas... Il y a autre chose. Ne pas faire face à tout cela nous procure peut-être individuellement un apaisement illusoire, une insensibilité anesthésiante mais, communautairement, c'est notre souffrance que nous entretenons ainsi.

L'aube s'approchait et nous avions choisi de pratiquer une dernière cérémonie avant de quitter le refuge. « Allons prendre l'eau que l'on nous tend, que l'on nous offre. Allons préparer notre thé avec la rosée autour du tombeau. » Nous sortîmes...

Et partout les feuilles et les herbes étaient recouvertes de givre : cette rosée en état de métamorphose.

(De retour à Carcassonne-ville-basse)

La cérémonie des Fous

« La cérémonie des Fous, dites-vous ? Mon Dieu ! Quelle est donc cette affaire ? »

Il n'y a pas d'affaire ici et méfiez-vous de ne pas aller trop vite. N'allez pas vous aveugler à la lumière trop vive, n'allez pas vous brûler aux flammes de l'envie. N'allez pas porter un jugement sur ceux qui ont franchi. Ne tentez pas de vous rassurer en sous-estimant l'inconnu. Les choses viendront à leur heure.

Voilà ce que je peux vous dire avant de vous laisser, avant que ce soit votre heure, car il vous faudra passer par « à vous maintenant » avant de nous retrouver. Mais permettez-moi encore de vous chuchoter ceci si vous me promettez de le garder pour vous : la nuit dernière le ciel était merveilleusement clair. Je souhaite que vous en ayez pris conscience. Sans volets à la fenêtre de ma petite chambre, j'étais baigné dans une lumière exceptionnelle. La lune était là, frappant au carreau, lorsque...

J'étais au lit quand je fus surpris par la lumière. Ce fut incroyable, cette profondeur. Les rayons de la lune faisaient plusieurs fois le tour des théières. Puis ils se glissaient dans les tasses et les bols avant d'en déborder chargés de couleurs opalines. Quant aux ombres géantes sur les murs, je crus y reconnaître le chêne qui me faisait des grands signes.

Voyons, puisque la lune frappe au carreau, eh bien sortons. Sortons et voyons sur le lapiaz ce qu'il s'y passe.

Le ciel était merveilleusement clair et je courais, je courais à l'appel de l'au-devant. Je ne sais plus bien où. Il se peut que ce soit dans le ciel ou sur terre, sur les cimes ou dans les vallées, dans les forêts ou dans les champs. Je courais et riais. Le ciel de cristal, par sa résonance, donnait le *la*.

J'avais enfin le bonheur d'être invité à passer quelque temps au cœur des choses. J'avais enfin la chance, à force de risques et d'exigences, d'être au centre exact de mon désert infini. Pour peu de temps, car tout s'accorde à la durée d'une aube, d'une seconde, de l'éphémérité d'une éternité : la durée de l'instant présent. Pour peu de temps...

Sur le versant, qu'il était bon de parcourir, de rencontrer, d'oser la condition humaine.

Arrivé au lapiaz je participai à la réalité de cette nuit. Le lieu de rencontre était bien ici. Je fus heureux d'apprendre que toi aussi tu étais là de ton côté, dans ces heures, dans ces minutes. Tu étais dans ta ville du Nord, tout seul dans les rues, à t'engager dans ce temps de présence.

Tu as dit : « Une présence qui s'ajuste, une onde de calme. » J'ai répondu : « Joie jaillissante, paix lucide. » Puis nous avons ri. Nous avons ri de cette cérémonie des Fous, nous avons ri de cette fin surprenante et du commencement d'un monde nouveau. Oui, nous étions de cette naissance.

À l'aube, je me suis réveillé, j'ai regardé par la fenêtre et n'ai rien reconnu d'avant. Tout avait changé. Partout des champs de neige s'ouvraient… Nous avions terminé, cet hiver-là, notre initiation.

Puis, ce fut le printemps…

(Sur la Voie)

À vous maintenant…

Si la cérémonie du thé, cette école du geste, vous appelle… alors à vous, maintenant, de pratiquer.

Vous avez saisi que durant tous ces chapitres je me suis adressé à vous non pour vous entretenir d'une « voie d'exception » ou vous donner idée d'un hypothétique état de réalisation accessible dans un futur lointain… Rien de cela.

C'est de notre vie quotidienne dont il est question. Notre Voie n'est pas constituée de nos meilleurs jours mais de tous nos jours. Notre Voie est notre vie quotidienne.

Je ne vous entretiens pas non plus d'une libération totale au bout du chemin, dans le futur, mais de votre présent. Tout tient dans votre présent, dans l'instant même où vous lisez cette phrase. Ici, oui, ici. Nous pouvons tout changer maintenant. Peu le croient, mais qu'importe puisque l'essentiel est d'y croire soi et de l'expérimenter pour construire sa vie.

Pratiquer le thé, « faire » le thé, nous apprend tout cela si nous savons taire les bruits intérieurs et écouter. La pratique du thé permet de nous engager librement, à différents degrés, dans ce cheminement.

Chaque chapitre sur la cérémonie est immédiatement et directement applicable à ceux qui ont soin de leur préparation personnelle du thé. Même des termes comme « précipiter » ou « retenir » la cérémonie signifient quelque chose dans votre pratique quotidienne.

Oui, nous arrivons à la fin de ce livre, à la fin de ce travail de sensibilisation que nous avons fait en commun. Je vous ai, je le souhaite, sensibilisé au thé et à ses messages... Quant à moi, il est clair que j'ai encore beaucoup appris du thé, de mes Maîtres et de vous tout au long de l'écriture de ces quelques pages... Et, bien entendu, le chemin ne s'arrête pas là.

Peut-être désirez-vous poursuivre cette initiation. Voyons alors où nous en sommes au terme de ce livre. Ma tâche, ma noble tâche, a été de vous permettre d'avoir des accointances avec des idées, des réalités, des faits qui sont autant de clefs. Vous avez toutes ces clefs en main, elles sont nombreuses et ne demandent maintenant plus qu'une pratique. Finie la lecture, place à la pratique. Pratiquez, pratiquez et pratiquez encore... Accordez-vous l'accès à l'expérience : tout est là. C'est le plus important.

Pratiquez par vous-même, au moins dans un long et premier temps. Ensuite, si vous avez le souhait que nous nous retrouvions vous et moi, alors nous nous retrouverons, un peu plus loin sur le chemin, pour partager à nouveau.

Faites exercice de votre liberté, elle n'est pas égoïste car elle est celle de l'unique condition humaine que nous portons tous en nous. La Voie du thé, et la cérémonie qui est une de ses expressions, sont une quête vers notre humanité.

Qui parle beaucoup du thé ici et de nos jours ? Entre autres les marchands et les mondains. Bien entendu nous n'avons rien contre les marchands et les mondains lorsqu'ils sont sincères et qu'ils ne proposent pas des logiques désespérantes.

Allez chez les marchands pour y acheter du thé. Allez chez les mondains pour y entendre des propos mondains sur le thé. Mais n'allez par chercher votre humanité chez eux.

« N'écoutez pas trop les marchands, ne croyez pas trop ce qu'ils disent, ils ne font que vanter leurs marchandises. Pour vous vendre leur musique vulgaire, ils sont prêts à vous faire une âme vulgaire. » C'était ce qu'avait écrit en substance Saint-Exupéry... et d'autres avant lui et d'autres après lui... Pensons aux marchands du Temple, pensons à l'enseignement des Maîtres de thé.

N'allez pas non plus chercher votre humanité dans des académies : la vie n'est pas académique. Ne croyez pas les vérités institutionnelles si vous n'en avez pas fait l'expérience par vous-même.

Faites la différence entre ce qui est vendu et ce qui est partagé.

Plutôt que de vivre chacun sur nos petits mensonges, qui ne servent que nos intérêts individuels, vivons tous sur notre grande vérité commune.

N'oublions pas. Qu'est-ce que la cérémonie ? Le temple est-il la condition *sine qua non* de la prière ? La prière est-elle plus noble que votre geste à vous, peut-être maladroit mais sincère ?

Faites votre thé selon les conseils que vous avez pu lire ici.

Faites-vous un bon thé, un thé qui vous plaît, un thé qui vous donne envie de sourire, car le sourire est le rayonnement d'un être qui s'épanouit.

Que ce moment vous calme et vous ressource, loin des forces de dispersion, de divertissement, de dissipation et de diversion. « Toutes les sources jaillissent pour tous les hommes. »

Faites cela avec cœur et respect. Ainsi vous aurez votre rite du thé. Faites donc un thé qui vous ressemble, c'est l'essentiel. Après, quand vous vous serez mis en accord avec vous-même, il sera toujours l'heure, si vous le souhaitez encore, d'aller sonner à la porte d'une autre « école » que la vôtre.

Sur ce, en vous remerciant de votre attention, je vous souhaite d'être heureux sur un chemin à hauteur d'homme… une hauteur infinie.

à vous maintenant…

Lexique / Index

Voici quelques mots que vous rencontrerez fréquemment.

ANHUI : province chinoise

ASSAM : « Découvrir quelques thés » page 81

ASTRINGENCE : mordant à tendance acide

BLANC (thé) : « Les thés blancs » page 57

BLEND : « Le thé » page 29
« Les blends » page 66

BROKEN ORANGE PEKOE (BOP) : « Les grades » page 59

BROKEN PEKOE (BP) : « Les grades » page 59

CEYLAN : « Découvrir quelques thés » page 81

CHANOYU : littéralement « eau chaude pour le thé », nom de la cérémonie japonaise du thé

CHINGWOO : thé chinois noir et non fumé de la province du Fujian

CHUN MEE : « Les grades » page 59

CLIPPER : à la suite du Earl Grey's Act (rien à voir avec le thé à la bergamote), la Compagnie des Indes perdit son exclusivité sur le commerce du thé. Des bateaux fins, élégants, racés et très rapides remplacèrent les lourds et lents East Indiamen (quatre-vingt-quinze jours contre plusieurs mois). Être le premier sur le marché rapportait gros et il devenait possible d'avoir des « primeurs ». Les Clippers se livraient donc la course. La plus célèbre, en 1866, opposa onze Clippers. À l'arrivée, au West India Dock, 20 minutes seulement séparaient le premier, le *Taiping*, du deuxième, l'*Ariel*. Le troisième, le *Serpica*, arriva 4 heures après et le quatrième, le *Fiery Cross*, deux jours après. C'est l'ouverture du canal de Suez et l'arrivée des steamers (bateaux à vapeur) qui mirent fin à l'époque des Clippers. Ils terminèrent leur carrière en transportant les laines d'Australie. Il en reste un en état, à Greenwich, le *Cutty Sarck* (emblème d'une marque de whisky !).

CROP : terme utilisé en Chine à la place de *flush (first crop, second crop…)*

CTC :	« L'Angleterre est-elle le pays du thé ? »	page 71
CUEILLETTE :	« La cueillette »	page 30
DARJEELING : province du nord de l'Inde	« Découvrir quelques thés »	page 81
DESSICCATION :	« Les thés noirs (ou rouges) »	page 54
DIMBULA : région de Ceylan	« Découvrir quelques thés »	page 81
DOOARS : région du nord de l'Inde		
DUST :	« Les grades »	page 59
EARL GREY :	« Les thés aromatisés »	page 63
EAU :	« Le choix d'une bonne eau »	page 19
FANNINGS :	« Les grades »	page 59
FERMENTATION :	« Les thés noirs (ou rouges) »	page 54
FLAVEUR : arôme-parfum		
FLÉTRISSAGE :	« Les thés noirs (ou rouges) »	page 54

FLUSH : signifie éclat, épanouissement, envolée. Désigne une récolte *(first flush, second flush…)*

FLOWERY ORANGE PEKOE (FOP) :	« Les grades »	page 59
FLOWERY PEKOE (FP) :	« Les grades »	page 59
FORMOSE :	« Découvrir quelques thés »	page 81
FUJIAN : province chinoise faisant face à Formose		
GALLE : région de Ceylan		
GARDEN :	« Le thé »	page 29
GENMAICHA :	« Découvrir quelques thés »	page 81
GOLDEN BROKEN ORANGE PEKOE (GBOP) :	« Les grades »	page 59
GOLDEN FLOWERY ORANGE PEKOE (GFOP) :	« Les grades »	page 59
GOLDEN TIPS : bourgeon doré	« La cueillette »	page 30
	« Les grades »	page 59
GUANGXI : province de Chine		
GUIZHOU : province de Chine		
GUNPOWDER :	« Les grades »	page 59

HUBEI : province de Chine
HUNAN : province de Chine

HYSON : « Les grades » page 59
IMPERIAL : « Les grades » page 59
IMPÉRIALE (CUEILLETTE) : « La cueillette » page 30

INDIAMEN (EAST) : les East Indiamen étaient de lourds bateaux transportant le maximum de thé. Ces bateaux étaient très lents mais, la Compagnie des Indes ayant le monopole du commerce du thé (jusqu'en 1834), les marchés pouvaient bien attendre...
INFUSION : dans le vocabulaire professionnel, désigne les feuilles ayant infusé

JARDINS : « Les jardins » page 101

KANDY : région de Ceylan

KEEMUN : « Découvrir quelques thés » page 81
LAPSANG SOUCHONG : « Les thés fumés » page 63
MATCHA : « Les grades » page 59
NATURAL LEAF : « Les grades » page 59

NILGIRI : région du sud-est de l'Inde

NOIR (THÉ) : « Les thés noirs (ou rouges) » page 54
OOLONG : « Les thés Oolongs (ou semi-fermentés) » page 57
« Découvrir quelques thés » page 81
ORANGE PEKOE (OP) : « Les grades » page 59
« Qu'est-ce que l'Orange Pekoe ? » page 62
ORTHODOXE (MÉTHODE) : « Les thés noirs (ou rouges) » page 54
OXYDATION : « Les thés noirs (ou rouges) » page 54

PANYONG : thé noir de Chine de la région du Fujian

PEKOE (P) : « La cueillette » page 30
« Les grades » page 59
« Qu'est-ce que l'Orange Pekoe ? » page 62
PEKOE SOUCHONG (PS) : « Les grades » page 59

PINGSUEY : thé noir de Chine de la région du Jiangxi
RATNAPURA : région de Ceylan

ROUGE (THÉ) « Les thés noirs (ou rouges) page 54
Les “thés rouges” d'Afrique… » page 58
SACHET : « Que vaut un tea-bag ? » page 72
SENCHA : « Les grades » page 59
SHOOT : « La cueillette » page 30
SILVER TIPS : bourgeon de couleur argentée « La cueillette » page 30
STALKS : « La cueillette » page 30
SICHUAN : province de Chine
TAMISAGE : « Les thés noirs (ou rouges) » page 54
TANNIN : « Thé et santé » page 51
TARRY SOUCHONG : « Les thés fumés » page 63
TEA-BAG : « Que vaut un tea-bag ? » page 72
TEA-TASTER : « Le thé » page 29
TERAI : région proche de Darjeeling
THÉIER : « Le théier » page 74
THÉIÈRE : « Le choix de la théière » page 16
« Entretien de votre théière » page 19
THÉINE : « Thé et santé » page 51
TIP : bourgeon que l'on trouve dans certains thés de qualité
TRAVANCORE : région du sud-est de l'Inde
UVA : « Découvrir quelques thés » page 81
VERT (THÉ) : « Les thés verts » page 56
YOUNG HYSON : « Les grades » page 59
YUNNAN : « Découvrir quelques thés » page 81
ZHEJIANG : province de Chine

Remerciements

Merci, Eva-Maria, pour tes dessins (p. 3, 5 et 165) et l'aide inestimable que tu m'as donnée, avec ton grand cœur, pour que ce livre voit le jour.

Merci à David Coulon, le « photographe philosophique », d'avoir une nouvelle fois su saisir, avec sensibilité et élégance, ce qui est si peu saisissable.

Merci, Véga, pour ta présence qui, pour moi, fut et demeure éclairante. Tu vois, j'ai tenu ma promesse…

Merci à mes amis et aux compagnons du thé pour tout ce que l'on vit ensemble.

Merci à mes Maîtres…

Merci à la clarté qui est… et au printemps qui toujours revient…

Table des matières

Avant-propos 9

Au sujet des dessins 11

LIVRE PREMIER : **Approches du thé** 13

Première partie : Pratiquer un bon thé 15

Le choix de la théière — Choisir au regard de son projet de vie — Entretien de votre théière — Le choix d'une bonne eau — Préparer un thé — Ce qu'il faut éviter — La conservation du thé — Pratiquer un bon thé est un exercice spirituel

Seconde partie : Quelques informations nécessaires ... 27

Le thé — La cueillette — Conditions idéales pour le théier — La liqueur — Le goût — Les trois légendes — Les trois âges du thé — Les trois fleuves — Les cérémonies du thé — Le five o'clock — Les Maîtres de thé — Le seuil de présentation — La valeur du geste — Dosage du thé — Thé et santé — Les thés noirs (ou rouges) — Les thés verts — Les thés blancs — Les thés Oolongs (ou semi-fermentés) — Les « thés rouges » d'Afrique du Sud, le maté et autres « thés de plantes »... — Les grades — Qu'est-ce que l'Orange Pekoe ? — Les thés fumés — Les thés aromatisés — Les blends — La température de l'eau — Les temps d'infusion — Une autre construction... —

Le choix du thé dans le moment — L'Angleterre est-elle le pays du thé ? — Que vaut un tea-bag ? — Comment déthéiner son thé ? — Le théier — La culture mondiale du théier — Il se peut que dans un premier temps… — Découvrir quelques thés — Le vocabulaire de dégustation : une langue du thé — Les jardins — Le prix d'un thé — Pour l'instant…

LIVRE SECOND : **Le sourire du thé** 117

Première partie : Le goût, les sens et l'esprit 119

Une genèse — Le don de l'eau — Trois phrases et quelques questions — Sens de la libération — Les vagues « impressives » — Le vide et la foi — Trois attitudes face à la liqueur — Une notion de dégustation : « la maison qu'on a du mal à ouvrir » — Une notion de dégustation : « s'emmantolar » — Parole lumineuse et voix d'Hypnos — Les dits de cheminement — Les pas font le chemin, le chemin fait la marche — « Une goutte de la mer a le même goût que toute la mer » — Être au lieu — Texture, consistance et petits éléments — Être présent c'est accueillir — L'émotion — La vocation — Technicité et fuites — « Qui est le roi ? » — Le livre et le sabre — À propos des Maîtres de thé — Invitation du Maître de thé : « avoir accès à l'expérience » — Le rayon de soleil et les volets — Ouverture

Deuxième partie : Lumières sur un chemin de thé 165

Un orage pyrénéen — Le coucher de soleil originel — Le rite du thé — Le mystère… — La leçon de la lune — Une rencontre dans le désert — Une communauté de partage — La méditation est un geste

Troisième partie : Évoquer la cérémonie 179

Les Maîtres de thé et l'esprit — La cérémonie du thé au premier degré — Le geste est une fratrie — La cérémonie du thé est une école du geste — Les gestes de la cérémonie — Un travail sur le temps — Maîtrise : ambition et humilité — Les objets de cérémonie — L'objet que nous faisons — La tasse cassée — La huitième cérémonie — La cérémonie du thé improvisée — J. — L'arbre, fontaine en son jardin — La civilisation & le vieil olivier — Sur les ruines d'une chambre de thé — La « mesura » — « Il est l'heure d'être » : urgence et nécessité — Approcher les étoiles par le souffle des Maîtres — Le pianiste et la forêt — La saveur du monde — La vérité d'un bol — La cérémonie aux portes du tombeau — La cérémonie des Fous — À vous maintenant...

Lexique / Index 235

Remerciements 239

Cet ouvrage a été imprimé par la
SOCIÉTÉ NOUVELLE FIRMIN-DIDOT
Mesnil-sur-l'Estrée
pour le compte des Éditions du Rocher
en décembre 2000

Éditions du Rocher
28, rue Comte-Félix-Gastaldi
Monaco

Imprimé en France
Dépôt légal : octobre 1998
CNE section commerce et industrie Monaco : 19023
N° d'impression : 53447